越愛越痛？我們的關係出了什麼錯？

重新檢視依附關係難題，打破惡性循環並重建親密感的伴侶諮商自助指南

諮商心理師
石瀝新
著

01

辨識你的依附狀態——關係中的互動如何形成？

02

惡性循環如何逐漸侵蝕我們的關係？

目錄

CONTENTS ▸▸▸

各界推薦

條理清晰，文筆流暢，學理和實例、理性與感性兼顧。從依附關係的說明到關係中惡性循環的狀態，然後寫到翻轉惡性循環走向修復關係的路上。的確是本有效創造美好親密關係的自助指南。

——**曹中瑋**（諮商心理師）

這是國內第一本精彩詳述依附理論與伴侶諮商實務的專書。從追到逃，本書告訴你關係中的彼此如何組建成互相傷害的惡性循環，以及眼前伴侶的眞正需求。所有在關係裡受困、痛苦的讀者都能在此書理解自己怎麼了。每個助人工作者也都能在本書中學到伴侶諮商的知識，精進個人的專業。你的關係沒有錯，但作者會教你怎麼讓它變更好！

——**鐘穎**（《故事裡的心理學》作者、諮商心理師）

從心理學經典的視角出發，深入理解我們在關係中的種種議題與挑戰，再回到自我覺察與療癒的方法，內容寫實又貼近人心，幾乎涵蓋了我們在關係中都會遇過的各種疑惑以及相應的觀點。這是一本我會強力推薦的精品著作。

——**陳品皓**（米露谷心理治療所策略長）

寫給在婚姻中痛苦掙扎的人，《越愛越痛？我們的關係出了什麼錯？》這本書提供了一個以依附理論爲基礎的思考角度，來審視關係間出了什麼問題、爲什麼善意的溝通會演變爲刀刀見血的廝殺！

讀者可以從生動淸晰的故事中瞭解自己的互動模式，識別和應對惡性循環對夫妻關係的破壞。作者以其豐富的伴侶治療經驗，提供打破惡性循環的七個方法，來幫助讀者改善與伴侶間的溝通和關係，並更有效地增進了婚姻中的信任和親密。

——**劉婷**（ICEEFT 國際情緒取向伴侶治療認證訓練師與督導、亞太情緒取向伴侶與家庭治療協會理事長）

人是社會性的動物，我們終其一生不能離群索居，然令人驚訝的是，維持良好的人際關係，卻不是人類與生俱來的技能。難怪星座、血型、各類人格分析如此熱門，然而直到認識瀝新後，我才知道，原來在趣味的命理玄學之外，透過嚴謹條理的分析，人際關係早已是門科學化的學問，讓我們能夠有系統地檢視我們與他人之間的問題。瀝新的這本書，將心理學的知識以淺白的方式介紹給讀者，爲大衆打開認識思考關係的大門，不僅推薦給希望改善關係的人們，也推薦給所有想要讓自己更好的人。

——**楊貴智**（法律白話文網站站長）

「我們的關係，出了什麼問題？」作爲辦理離婚案件多年的律師，我深知太多伴侶都是因爲誤解和溝通失敗導致關係的破裂。石諮商師的書可以協助我們更認識自己和理解對方的想法，藉此重新建構雙方的關係，學習如何好好的去愛與被愛，讓彼此都成爲更好的另一半。

——**雷皓明**（喆律法律事務所主持律師）

推薦序

理解愛，找回愛，見證修復的美好

／洪詩婷 博士

我是在情緒取向伴侶治療訓練的課程中認識瀝新，最初的印象就是他打筆記的手從沒停過，每一個鍵盤聲都能傳達他的認眞。

擔任他的督導、與他討論如何協助伴侶改變時，體會到認眞學習的他吸收了許多知識，在實務中運用、反思、再調整、再應用。近幾年的累積，使瀝新在伴侶治療專業上逐漸成熟，成爲值得個案信任的治療師。

看到瀝新願意寫書將專業分享給大眾，我很欣賞與敬佩，也很榮幸能收到瀝新的邀請，爲本書寫推薦序，分享我喜歡本書的原因。

讀這樣一本書，收穫滿滿

我喜歡本書的第一個原因，是有許多生活的實例與對話，幫助讀者理解自己與伴侶，更清楚地知道在互動中自己是傾向追逐抗議者，還是逃避退縮者。不只是分辨自己的狀態，還幫助讀者更深入地理解伴侶的內心。因爲誤解造成的傷害往往比意見、價值觀以及解決方式的歧見，具有更大的殺傷力，當誤解被解開、傷害減少，修復才能開始。

第二是，本書帶給讀者的不只是自我理解與省思，還在「我怎麼和對方相處」「我怎麼調整」的段落，以及「七個擺脫惡性循環的方式」，提供一些方向讓讀者嘗試改變，進一步爲關係互動帶來改變。畢竟理解與調整必須相輔相成，改變才會持久。

第三是，本書呈現伴侶雙方在衝突中都是難過的、敏感的、覺得自己不被理解的。給予伴侶一些安慰，讓伴侶在改善衝突的過程中不那麼孤單，覺得只有自己一個人在受苦。

第四是，本書提供某些治療師和伴侶的對話，爲讀者揭開伴侶治療神祕的面紗。看到情緒取向伴侶治療師如何帶領伴侶降低對彼此的抱怨與憤怒，以及幫助伴侶分享生氣下難過、傷心以及對關係的渴望，讓伴侶重新看到彼此的內心、善意與愛。藉此了解治療師不是判斷誰對誰錯，也不是仲裁誰應該多改變一點的權威，而是幫助伴侶看到自己與對方眞心的專家。

簡而言之，瀝新帶領讀者不只是認識自己、理解伴侶與看到問題的核心、指引改變的方向，還讓讀者窺見諮商室中難以被外人看見的伴侶治療歷程。對我來說，讀一本書能有這麼多的收穫，十分難得！

無論是書中所分享的，還是我自己的臨床經驗，情緒取向伴侶治療都在協助伴侶重新靠近彼此，在信任與具有安全感的前提下，一起面對生活的難題。因爲能參與伴侶放下防衛，以柔軟地一面接觸彼此、擁抱彼此，以及合作面對生活的過程，讓我常常有機會見證關係修復的美好時刻，也常常爲此而感動。

祝福本書的讀者再次理解愛，正在關係中痛苦與掙扎的伴侶能重新找回愛！

（本文作者為情緒取向伴侶治療認證治療師、督導）

推薦序

誰說要愛得撕心裂肺，才能走進愛情的解憂書店

／High 媽心理師

瀝新的書，很像瀝新的人。

那裡頭有一雙專注的眼睛，靜靜地觀看。觀看張牙舞爪底下的受傷，觀看漠不在乎底下的傷心。你閱讀的時候，就覺得那一部分在愛裡的自己，也被看見了。

那裡頭有一顆快速運轉的腦袋，像一張網，用一種貼近脆弱的邏輯，理解了那些沒說出口的需要。你閱讀的時候，就突然發現：「喔，原來是這樣啊，原來我想說的，是這個，原來對方想說的，是這個。」

那裡頭有一個溫柔的聲音，它不苛責你的失控，但它也沒有迴避你的責任。在愛裡是這樣的，我們受苦，但受苦的時候，我們也不自覺地讓人受罪。在閱讀的時候，你會不自覺地接納了，那都是我們，都是我們可以選擇看見、選擇承認，也還能選擇做出不

同行動的地方。

那裡頭，也有堅定的邀請，它在說，來吧，我們可以做到的，我們可以勇敢，爲關係創造新的篇章，閱讀的時候，你會在心裡有一種比較清晰的圖像，告訴自己，願景在那裡！是在那裡的！

理性分析，感性拆解你們的愛情

瀝新是嚴謹而邏輯清晰的，這本書也是。

你可以在書裡，看到這個目前擁有最多成效實證研究的伴侶治療學派，是如何理解親密關係，透過他所提供的表格、概念圖，你不只是讀一本親密關係的雞湯，你的某一個視窗會被打開，你會開始不只是從個別的角度來理解愛情裡的困境。不再只是「我怎麼了？」或「對方怎麼了？」而是「我們是怎麼一搭一唱走到這裡的？」從一個更全面的角度，懂自己，也懂你的另一半。

瀝新是細膩而貼近的，這本書也是。

你可以在書裡，不只是讀硬梆梆、難以消化的理論，而是在不同的案例裡面看見眞實的生活，眞實的愛情。甚至你可能就這樣貼近地看見了一部分的自己，或者一部分的另一半。你的經驗就這樣被安放在一個地方，但這本書卻不歸類你，不是速食地餵給你一種大家都知道卻又做不到的解方，餵給你一種放諸四海皆準的飄渺原則，它很細膩地提供你一些拆解自己、量身訂製的調整方向。

瀝新有一種不把事情做到完整會很難受的堅持，這本書也是。

你可以把這本書看做一間愛情的解憂書店，不一定要在愛情裡很痛苦的時候才拿來看，而是有時間、有心情想思考一下愛情的時候，就可以拿起來翻一翻。有那麼一點小煩惱，或者有些不確定的時候，晃進這家愛情的解憂書店來轉一轉，你會發現這裡有完整又豐富的知識和對話，關於愛和經營親密關係，你可以挖寶和探險。每次閱讀，吸收你能吸收的，嘗試你當下能做得到的。

愛和痛本來就是一體的兩面，你縱身向愛，就有受傷的可能，也有失去的風險。但受傷與疼痛不是愛的全部，因爲也會有修復、也會有照顧、也會有療傷和保護。生命本身就是這樣，光亮與黑暗共存，溫暖與冷洌都在，各有時候。

這本書可以幫助你，在愛裡看懂疼痛的背後，脆弱何在。在疼痛裡讀懂幸福的那把鑰匙在哪裡，爲你指明那扇門。讓你練習和另一半一起，推開門，向滿足的光亮處，前進……

（本文作者為情緒取向伴侶治療認證心理師）

前言

現在的你們，只是需要一點幫助

這些年來我大量地進行伴侶諮商工作，衝突爭執、疏遠冷淡、價值觀不同、外遇、劈腿、婆媳問題、親職教養、分手、復合、離婚、性關係、同性伴侶相處……種種和伴侶關係有關的問題，不僅是我在伴侶諮商中經常處理的議題，也是個別諮商當事人來商談的大宗困境。

在觀察和陪伴諮商室中的伴侶後，我體會到有許多人都在關係裡辛苦著，也痛苦著。有時候很感慨，因伴侶議題需要進到諮商階段之前，往往沒有一個好方法，可以透過自己或雙方的努力，嘗試調整關係的互動。如果大家對於關係經營和衝突解決的概念有所瞭解的話，便可以減少很多痛苦、糾結、失落、憤慨與無奈。

眼睜睜看著自己的關係變成如今的狀態，好像做與不做點什麼都無濟於事，甚至讓關係變得更糟，都會使我們對於關係逐漸失去信心，也對伴侶逐漸感到失望。有些人由於不知道如何處理關係的問題，得過且過著，一擺就是好幾年；有些人爲了一個家的完整，忍氣吞聲，壓抑自己的需求和痛苦度過一輩子；有些人不願關係這樣，嘗試爭取抗議，卻在一次次的挫敗中不再懷抱希望。

你能為關係做的事

二〇二二年，我順利成爲國際情緒取向治療中心認證治療師（ICEEFT Certified EFT Therapist），就是想要藉由專業的進修，協助陷在困境裡的伴侶們。

看著尋求協助的當事人來了一波又一波，也走了一波又一波。我堅信自己能做的，是穩穩地在這邊，陪伴前來的當事人面對生活困境，幫助他們找到屬於自己的角度，去重新審視那些過往帶來的種種。看著眼前的當事人，從剛開始談的低落無助，到離開時的自在坦然，眞的覺得這份陪伴很有意義，也希望有更多人能受益於這些相處經驗。

有些人因各種考量，不見得有機會走進諮商室中。因此，我希望能藉由這本書，幫助讀者獲得另一種管道，瞭解自己的關係發生什麼事情，並且能試著自己爲關係做點什麼。

本書的案例皆是以這幾年我在諮商室中遇到的眞實案例爲基礎，進行多個案例的整合及改編，以保護個案隱私，並同時更貼合書中的主題和脈絡。希望這樣的設計能幫助讀者藉由案例的呈現連結自身經驗，協助自己從治療對話中，體會自身在關係中卡住的狀態，找到適合的方法來面對和調整關係的問題。

另一個想要透過本書傳遞給讀者們的是，各種與關係互動和衝突有關的議題，除了可以藉由閱讀和自助的方式嘗試解決，也可以尋求專業助人工作者的協助，一起找到衝突的關鍵核心，擁有一段自在、舒適的關係。因此在書中，我會透過案例對話的方式呈現，讓大家有機會一窺伴侶諮商的樣貌。

我與許多在生活中遇到困境的當事人在諮商室相遇，陪伴他們走過人生或長或短的一段旅程，但每趟都是這麼地刻骨銘心。我們一起整理了當下遇到的困境，也探索和挖掘了過往內心的傷痕；我們緩下腳步修養生息，最後重新拾起曾經失落的信心與勇氣，繼續往前邁進。

若你也準備好了，不妨讓我透過這本書，陪伴你踏上這段認識自己的旅程，重建與伴侶的關係羈絆。

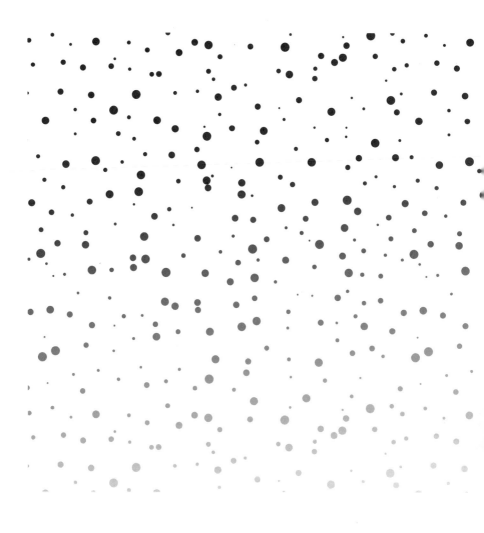

CHAPTER 1

辨識你的依附狀態——

關係中的互動如何形成？

你是否曾感覺自己的伴侶關係，不斷反覆出現相同的狀態或互動模式？

早年與父母或主要照顧者的互動，會為我們長大後的伴侶關係奠定基礎，更會相當程度地影響我們如何與伴侶相處，包含行為反應、情緒表達、認知解讀等。

這一章將會從依附理論的視角，來理解我們的關係模式，探索在各種行為反應背後可能的需求與內在狀態，帶給自己一份接納。同時，也換個角度來同理另一半，幫助自己在面對和處理關係問題之前，長出一份體諒或包容的心。

1-1 那些成長的種種，打造現在的關係互動

記得剛成爲心理師不久，有次我在咖啡廳邊聽著店家播放的宮崎駿音樂，邊整理近日的工作資料時，耳朵不由自主地被隔壁桌的對話吸引過去，看起來像是在忙碌生活中覓得片刻悠閒時光的朋友聚會。

他們三人的談話中，隱約透露出各自的感情觀。

其中一位女性安琪，向身邊一男一女抱怨最近和男友的相處，表示男友近期因爲工作忙碌，經常忽略自己，這使她心裡很不舒服。她覺得對方總是在忙自己的事情，除了兩人的相處時間很少，也很難感受到剛在一起時的甜蜜。

「我們雖然沒有太多爭執，但有時候我跟他提到最近關係的狀況時，他總是一副我想太多的表情，之後也就沒有再多說話。我不想要他覺得我在無理取鬧，但我眞的覺得，他雖然人在我身邊，卻感覺好遙遠。」我瞄向安琪，看著她一邊吃著桌上的戚風蛋

糕，一邊訴說著心裡的苦。

這時，那名女性友人的手機響了，聽起來像是另一半打來的。從他們的對話中得知，電話那一頭似乎對她說今天下班要跟同事去應酬一下，晚上會晚點回家。

她對著電話說道：「好喔！那你回家路上小心，愛你！」掛掉電話後，另外兩人分別對她的反應感到好奇。

「妳就相信他說的？不會多問？」安琪問。

「需要互相擔心和猜忌的關係太累了，我們選擇彼此相信。」她說。

這時，兩位女性同時轉向此刻身邊唯一的男性，並用好奇的語氣詢問：「男生到底是怎麼想的？」

他好氣又好笑地說：「我也不知道。我最近也和女友吵架，我總覺得她很愛唸，好像我做的事情沒有一件事讓她滿意。」

「那你怎麼處理？」她們異口同聲地問。

「也沒怎麼處理啊！反正在她碎唸的時候我就不想理她，大部分的時間我都聽她說，有時候真的受不了，就先進房間，事情通常也就這樣不了了之。反正只要她不要繼續唸，我就沒事了。」

從他們三人的對話中，可以聽得出來各自對感情有著不一樣的看法與感受。回想起諮商中案主們與我分享的感情經驗，每個人在理解另一半的行為與話語時，也有著不同的角度。

為何人們會出現這些不同的解讀和處理方式呢？

要談伴侶關係，可以從童年經驗談起

為何有些人比較能夠擁有穩定的親密關係，並享受相處的過程，有些人卻不容易與另一半建立具有信任感的關係呢？

為何有些人能夠在關係裡感到安心，有些人卻經常在關係中焦慮不安，又有些人習慣保有一點距離來維持關係的美感？

以及，為何人們在面對關係的衝突和不安時，都會有不同的處理方法？為何針對同樣一件事，關係中的雙方會出現截然不同的看法和感受呢？

現在與另一半的相處和互動會呈現怎樣的樣貌，往往與過去的經驗有很大的關聯。包含童年時期與照顧者的互動，以及過去與重要對象的互動。這些經驗逐漸形塑成個人「評價自己」和「詮釋世界」的眼光。

舉例來說，小時候媽媽可能跟爸爸吵完架，一聲不響就離家出走。這個經驗一方面

會讓孩子感受到媽媽不會爲了我，或考慮到我，而留在我身邊，因而形成「我不夠好」「我不夠重要」等對自我的評價；另一方面，則可能讓人感受到就算關係再好，只要發生一件事，都可能經歷到被拋棄的可怕，形成「沒有關係會穩定持久」「沒有人值得相信」等對他人和外在世界的詮釋。

這些解讀與詮釋，便會影響到現在如何與自己的伴侶相處。因此，有些人會在感情中，表現得相當沒有安全感，需要透過各種方式測試對方是否在乎自己；有些人則會在面對關係的衝突和不愉快時，抽離情緒和降低期待，讓自己不再因爲關係的失落而感到難受。

試著回想自己或身邊朋友們的感情經驗，可能會發現，有些人似乎總是比較能建立有信任感的親密關係，並加以維持、延續、穩定，如同咖啡廳中的女性友人這樣；有些人的關係卻可能比較容易處於不穩定的狀態、較容易發生爭執、較容易感覺到不安與激動，而難以長久維持一段關係，或擔心遭遇關係的背叛，如同安琪這樣；更有些人在面對關係的衝突和對另一半的不滿，選擇冷處理或不覺得有問題，如同安琪男友和該男性友人那樣。

和另一半的相處，眞的人人都有很獨特的地方，但因爲成長過程中，很少有人能手把手地教會我們如何理解自己的關係模式、如何建立一段關係、如何面對關係中的不愉快和衝突，還有如何修復關係、看見關係互動背後的重要線索。導致我們總是迷迷糊糊地進入一段關係，迷迷糊糊地面對關係的問題和衝突，再迷迷糊糊地結束一段關係，最後仍舊迷迷糊糊地進入下一段關係，如此不停周而復始。

要回答伴侶間如何互動的問題，就要知道關係的互動怎麼形成。可以從童年時期的關係找到一些線索，也就是從「依附」的概念著手。因爲這些關係的樣貌，大多都跟我們與主要照顧者互動中所產生的「依附」模式有關。

什麼是依附（attachment）？你可能曾經在一些書上看過「依附理論」或「依附類型」的概念，也可能聽過一些心理師的講座或課程介紹，甚至做過相關測驗來幫助自己歸類，進而認識自己。也可能，這是你第一次聽到，對你而言是個很新鮮的概念。不論如何，藉由這本書都可以一起慢慢認識自己的成長經驗，也認識自己的親密關係。

依附，為我們提供一個安全的庇護所

依附談的是人與人之間的關係羈絆與連結，而這個連結，是從出生開始就與父母逐漸建立起來的互動模式。這會不斷延續到成年後，在與伴侶的關係中持續呈現。

依附的概念是由一位英國的精神病學家暨心理學家約翰．鮑比（John Bowlby）於二十世紀中期提出，至今已有六、七十年的歷史。雖然是半個多世紀以前就存在的概念，但依附在心理學和心理治療領域，卻是相當歷久彌新、盛久不衰。繼續讀下去，就會知道爲什麼這個概念如同美酒一般，越陳越香！

「依附」跟平常比較耳熟能詳的「依賴」是不一樣的。在亞洲的文化中，「依賴」傳遞了一個較負面的訊息。會依賴的人似乎失去了獨立性，如同蔦蘿需要攀附在竹竿或其他支撐物來茁壯一樣，彷彿沒有對方，就無法自己生存下去。

當一個人需要依靠他人才具有生存能力，所隱含的價值是「無能」。因爲社會對依賴者的評價，往往不如獨立者，進而衍生出對需要靠他人生存者的輕視。因此，說一個人會依賴別人時，傳遞出來的往往是負面的訊息。只要談到依賴，都很難避免被貼上這個標籤，似乎代表著無法獨立。

既然獨立是人人所嚮往的目標，爲何還需要瞭解依附的重要性？

因為「依附」與「依賴」不同。「依附」指的是，由於人類嬰兒無法在世界上獨立生存，而會本能地、出於天性地依附在可以提供自己食物、照顧和保護功能的照顧者身邊。這不代表無能，也不代表無法獨立自主，而是求生存的本能反應，也能使生命獲得延續，增加種族的存活機率。

從孩子的角度來說，透過依附與父母或主要照顧者的肢體親近，除了能為自己填飽肚子、獲得照顧與保護，也能使其與父母或主要照顧者產生關係的連結和安全感。就算遇到危險、威脅，也能得到情緒上的安撫、降低情緒的激動程度，進一步滿足內心對安全感的渴求。

從照顧者的角度來說，父母能善用這個本能來觀察孩子的需求，能在孩子遇到危險時提供保護，也能在孩子成長過程中教導他們逐漸獨立和面對挑戰，並能在其面對挑戰後感到挫折時提供幫助和安慰。

在成為一個可以自我照顧的成熟大人之前，這個安全的庇護所是相當重要的存在，能提供一個環境去體驗被愛、被照顧的感受，也能練習勇於面對困境和挑戰。一段良好和安全的依附關係，除了是一個人能平安成長的基石，也是能坐擁心理健康的重要因素。

依附為孩子帶來四個重要功能

能對重要關係擁有足夠安心的依附感，是個值得被珍惜的經歷。遺憾的是，不見得所有人都能幸運地獲得這些歷程，更多的是雙親沒有準備好就當了父母、生活忙碌或爲生計奔波、大小爭執不斷，或其他人格特質等因素，導致孩子在獲得安全的依附關係中篳路藍縷。

安全的依附關係如同行動電源，讓孩子在出外冒險和探索遇到挑戰和挫折時，有個地方能回來補給資源、充電，然後再出發。

有沒有發現，這些透過依附所獲得的照顧、保護、安撫，並非要讓一個人變得「依賴」或「無能」，而是遇到危險或感到無助，知道有個能信任的人在背後成爲值得依靠的後盾，讓自己恢復相對安全的狀態。安全的依附

孩子依附父母時，可以得到什麼？

填飽肚子	遇到危險時，獲得照顧與保護	被教導如何面對挑戰和逐漸獨立	受挫時，獲得安撫與安慰

能夠幫助孩子有勇氣和意願去探索未知的世界，也可以更安心地冒險和嘗試。

獨自處理和面對未知及危險時，孩子是非常無助的，照顧者若能成為可靠的後盾，讓孩子明白：在我有需要或不知道該怎麼辦的時候，你會來幫我，不會丟下我。因此，嬰兒的依附反應，其實是有利於確保自己安全的。

照顧者，為孩子提供探索和冒險的安全基地；依附，則是向外安心探險的必備能力。

安全感，積沙可以成塔，卻也會受風化與侵蝕

若曾看過父母帶著剛學會走路的幼兒在公園散步的情景，可能會觀察到一個現象：孩子們往前跑幾步，就會回頭確認帶他出來的大人有沒有在身旁。這個一邊探索、一邊回頭確認的過程，便是嬰幼兒逐漸建立安全感的歷程，期間也會建立對自己的信心與自我價值，以及對他人的信任感。

這時候如果大人經常刻意躲起來不讓孩子找到，甚至在孩子開始哭泣時才出來安撫，便可能動搖這個安全港的形象。孩子會留下一個印象：爸媽在我向外探索時，不見得會在身邊陪伴和提供保護。「不敢冒險」「對探索未知感到緊張」「我可能隨時會被

丟下」，便可能成爲孩子一輩子的枷鎖。

「媽媽去買菜回來煮晚餐，你跟爺爺在家要乖乖的喔！」

「那媽媽回來再陪我玩！」

如果媽媽回家後還記得與孩子的約定，賦予孩子一個屬於彼此的時間，彼此的正向依附連結就會開始產生。因爲孩子知道媽媽離開後是會回來的，這是安心感；孩子相信媽媽的承諾，這是信任感；孩子知道媽媽的離開不代表關係的失去，這是穩定感。

當孩子可以從關係中感受到安心、信任、穩定感，並發展出一套**「安全的內在系統」**，就能幫助孩子在遇到困難和挑戰時，相信身邊有人陪伴和依靠，也相信自己有能力克服眼前的不安與挑戰。

藉由依附形成的安全感，可以積沙成塔，但它也耐不住風化與侵蝕。

當媽媽離家的時間長了，孩子想要打電話問媽媽什麼時候回家，可是趕時間的媽媽一通電話都沒接。辦完事回家後，又逕自走去廚房忙等會兒的晚餐。不只忘了母子間的約定，也沒有給予任何回應。當孩子跑去找媽媽時，告訴孩子一句：「媽媽在忙，你先自己玩。」

對孩子來說，媽媽的離開是拋棄與遺忘。於是，取而代之的是孩子建立了一套**「不安全的內在系統」**。

需要媽媽的時候找不到人，安全感沒了；媽媽說回來會陪他玩，但媽媽似乎不記得兩人的約定，信任感沒了；想與媽媽連結時卻被推開，穩定感沒了。

這時，孩子的世界崩塌了。

媽媽不再是那個可以提供他安心、信任和穩定感的依附對象，而是那個會拋棄他、遺忘他、忽略他的壞人。於是，孩子內化了「壞媽媽」的形象在心裡。

要塑造一個能讓孩子安心長大的環境很不容易，特別是大人們自己的生命中也會遇到大大小小的事情和壓力，不見得總是能回應孩子的需求。

不過先不用過度焦慮，如果原先的關係夠穩固，偶爾的「壞媽媽」形象並不會取代孩子心裡的「好媽媽」。沒有人可以無時無刻扮演「好媽媽」的形象，唯有反覆地忽略、遺忘，才會眞的影響到孩子依附的穩定性。

但如果原先的關係地基就不穩了，「好媽媽」形象在孩子的心裡本就提取困難，「壞媽媽」形象又不斷建立，這個依附的關係如何穩固？回想你自己的成長經驗，如果父母經常忽略你，或經常在混亂、不穩定的環境與關係中長大，這樣其實就不是風化和侵蝕，而是山崩和土石流了！再穩固的依附關係，也招架不住土石流般沖刷的速度啊！

劍未配妥，出門已是江湖

依附，讓人們可以與重要的對象產生情感上的連結。孩子在成長過程中，父母是提供穩定且安全關係的主要對象，而這段親子關係，正是安全感能被建立的關鍵。

好的依附關係協助孩子建立穩定的**情緒調節能力**與良好的**情緒界限**，有助於發展獨立自主的能力，以及建立自我價值感與自信心。同時，它讓孩子更有信心去冒險和嘗試新事物，也能彈性調整自己面對挑戰時的應變方法，因此具備更好的適應力。

孩子透過與父母或主要照顧者的互動所形成的依附模式，基本上不會因為面對的人不同，而有不同的呈現樣貌，也不會隨著年齡改變而有太大的變化，而是會反覆出現。因此，不要小覷了這樣的安全依附關係，眾多關係的基礎更其實都奠定於此。

倘若童年時期的地基不穩，長大後的伴侶關係便容易經常感受到地動山搖。然而，我們卻經常忽略這點。在家庭中已經沒有獲得足夠的安全感，就得進到自己的感情世界中磨練，有種開始要闖蕩江湖的感覺。最終導致自己身上的裝備都還未齊全，就在情感世界中，磕磕碰碰地遍體鱗傷。真的應驗了那句，「劍未配妥，出門已是江湖」。這樣的歷練，太苦、太難。

依附是人類生存的重要條件，好的依附關係，也可以帶給孩子穩定和安心感，因此更值得我們好好學習、認識。

人人都有不同的依附樣貌

鮑比提出依附理論後便獲得許多迴響，也被科學家和心理學家大量衍生和發展。這期間，有許多學者針對依附的不同面向進行探索和鑽研，超過六十年的研究，也讓這個理論發展至今已經相當成熟穩定。

如此豐富的研究中，以心理學家瑪麗．安斯沃斯（Mary Ainsworth）的研究結果和發現最被後世廣泛應用。她發現：依附的模式有個體上的差異，也就是「雖然依附是人類的本能，但並非每個人的依附模式都一樣」。

瑪麗博士設計了一個實驗，將媽媽與大約九個月到一歲半左右的嬰兒帶到遊戲室裡，並邀請他們進行互動遊戲。接著請媽媽離開，觀察嬰兒在媽媽離開後的反應，以及回來後嬰兒與媽媽的互動。透過觀察嬰兒在面對媽媽離開後的「哭泣和找尋」，以及媽媽回來後的「迎接和接近」，這樣「分開再重聚」的反應，將嬰兒的依附樣貌歸納出三種**依附類型**（attachment style），分別爲：**安全依附**（secure attachment）、**焦慮依附**（anxious attachment）和**逃避依附**（avoidant attachment），後兩者又可統稱爲「不安全

依附的三種類別

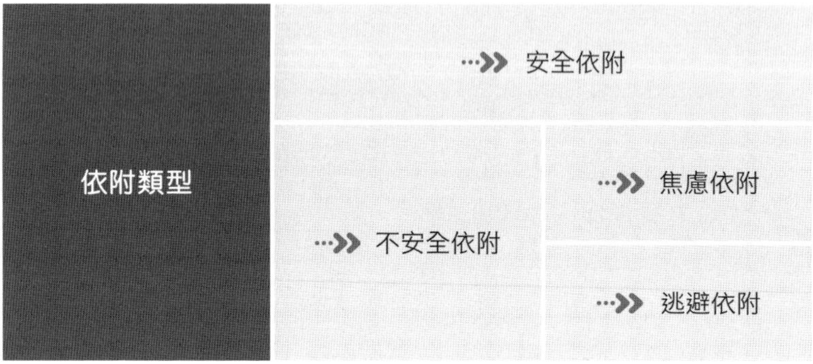

依附」。

其中，「安全依附」的嬰兒在面對媽媽離開自己的視線時，雖然會表現出焦慮不安、沮喪煩躁，也會哭泣找媽媽，但不會有過度激烈的反應。他們在重聚時會哭泣和抗議，但他們也能主動尋求媽媽的安慰和支持，並透過媽媽的安撫和陪伴，在相對短的時間內恢復平靜和穩定，「重新接受」媽媽對自己的好，與媽媽分享及互動。他們能夠表達自己的需求，也不容易因爲情緒激動而斷線失控。

而「焦慮依附」的嬰兒在媽媽離開時，會展現出焦慮和不安，並出現哭鬧，甚至是激動、生氣的反應。他們會找媽媽、會擔心媽媽不再出現，並在媽媽回來時主動尋求安慰。但在媽媽試圖提供安慰時，他們又會表現得更激動、更生氣，甚至是打媽媽和瀕臨失控。情緒激動程度較高且持續的時間較長，需要的安撫量也很大。他們會緊黏著媽媽尋求安撫，但又會在媽媽安撫時表現出強烈的抗議、拒絕被安慰，彷彿哭喊著：「你以爲這樣我就會滿意嗎？你以爲我這麼容易就放過你嗎？我告訴你，沒這麼簡單！」因爲他們會覺得受傷和委屈，要對方爲自己所做的錯事進一步彌補和贖罪。

另一方面，「逃避依附」的嬰兒在媽媽離開時不見得會哭泣和尋求協助，甚至重聚時也無明顯反應。彷彿媽媽的離開影響不大，行爲上呈現出「你離開跟回來我都不在乎」的反應，但內心可能是警覺和激動的。因爲透過膚電反應的測試發現，他們的心跳會加速、皮膚溫度會升高，同時會出現肌肉收縮的反應，腎上腺皮質醇（一種壓力荷爾蒙）也會升高。顯示出他們和其他表現出不安的孩子一樣，都會有分離的焦慮，但他們卻不一定會表現出來讓身邊的人看到。

透過這些觀察實驗可以知道，儘管依附是人的本能，每個人的依附樣貌卻有所不同。依附理論從探索早期「母嬰關係」開始，後來也納入父親角色，逐漸形成一套完整的理論，說明嬰兒與主要照顧者的關係互動，如何形成個人的模式。

成長過程中的土壤，孕育出現在的我們

前面介紹了依附的概念和童年的影響，不妨慢慢回到本書的主題：伴侶關係。經過多年的研究後，心理學家漸漸發現，依附的反應不只在照顧者與被照顧者的關係中出現，自一九八〇年代起，相關研究也開始以依附的角度探索成人的伴侶關係。**研究發現，成人後在伴侶關係的依附樣貌，與其童年時和主要照顧者的依附樣貌有高度的關聯。**

能藉著瞭解一個人的依附模式認識自己，也瞭解對方的行爲反應，以及行爲底下的情緒感受、想法及內在需求。這解釋了爲什麼每個人在關係出現不安全感時，出現的行爲與反應會大相逕庭，並爲伴侶治療和婚姻治療奠定了良好的基礎，讓人們有機會瞭解關係到底是哪裡出現問題，又能從什麼角度改善和修復。

依附理論的發展歷史悠久，也有充分的研究爲此扎根，並且實際應用在心理治療和婚姻治療的領域。由於市面上已經有許多書籍介紹依附理論，本書將針對「依附對成人情感連結和互動模式的影響」作爲核心主軸來探討，說明依附對伴侶關係的影響。

早年研究的角度大多以「類型」來區分不同的依附模式，例如：你「是」焦慮依附，或你「是」逃避依附。後來學者們發現這種分類方法，無法精準描述依附的樣貌，因而

出現「向度」的概念來呈現依附模式。簡單來說，依附是「程度上」的差別，並非是全有全無的概念。可以把它想成一把十公分的尺，儘管是同一種依附類型，每個人所在的刻度也不一樣。

心理學家們對「焦慮依附」及「逃避依附」兩個向度有滿清楚的說明，不妨初步幫自己做個主觀的判斷：在兩個依附向度中，是比較靠近哪一邊呢？

一、焦慮依附向度

此軸線描述的是自己對關係的焦慮程度。當與特定對象互動時，是否害怕被拒絕和被拋棄，特別是在壓力情境下，會出現擔心失去關係的反應，容易引發自己的焦慮感並且回憶起負面的記憶。

二、逃避依附向度

此軸線指的是自己對關係舒適程度，或試圖避免關係親密的程度。當與特定對象互動時，是否會對於親密、靠近、依賴感到不自在或害怕，甚至有時會出現刻意疏離、躲避的反應。

依據這兩個向度，可形成四種成人依附風格，包含：

〈焦慮依附向度〉

低焦慮 ←——→ 高焦慮

〈逃避依附向度〉

低逃避 ←——→ 高逃避

一、低焦慮、低逃避的「安全型依附」

二、高焦慮、低逃避的「焦慮型依附」

三、低焦慮、高逃避的「逃避型依附」

四、高焦慮、高逃避的「不定型依附」（disoriented attachment），或稱「恐懼—迴避型依附」（fearful-avoidant attachment）、「錯亂型依附」（disorganized attachment）

心理學家將這兩個向度形塑而成的依附風格，用圖示的方式呈現如下頁。

有些人或許會在閱讀時覺得自己有點像焦慮依附，但又沒有像書中案例那樣，可能就是因爲處在「焦慮偏安全」的狀態。瞭解這個向度的概念，或許能幫助解惑。

▶▶▶ 布內（Kelly A. Brennan）、克拉克（Catherine L. Clark）、夏弗（Phillip R. Shaver）的雙向度成人依附風格（1998）

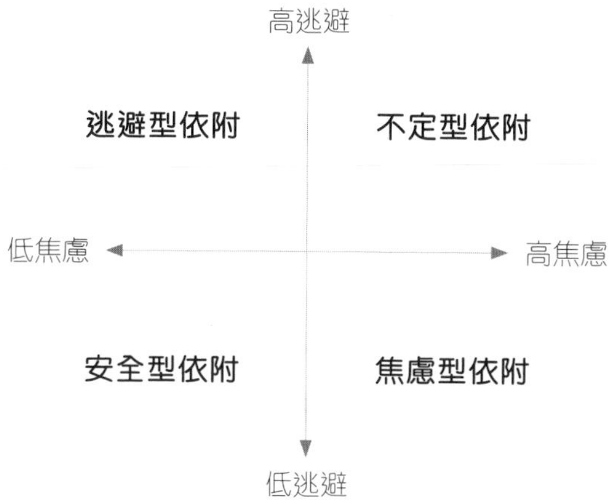

雖然當前依附理論應用的趨勢已不採用「類型」的方式，但爲了方便閱讀和理解，接下來仍以「焦慮依附」和「逃避依附」進行說明。

不同的依附模式，會有怎樣不同的情感關係發展？

早年的依附經驗是影響人們安全感的關鍵因素，而不同的依附型態，會如何影響我們成年後的人際和伴侶關係？

擁有安全依附的人能夠適當「接收」到他人提供的訊息，社交和情感的發展也比較順利。他們通常對自己有一定程度的信心，也能夠相信並依靠他人。因爲在他們眼中，自己是有能力面對挑戰和解決問題的，當自己無法解決，也相信求助和需要幫助的時候，可以獲得照顧和支持，更不會時時刻刻擔心被遺棄和丟下。**安全依附者**比較能適當表達自己的想法、感受和需求，他們相信自己的表達有助於關係的建立與溝通，也較不擔心表達後會破壞關係。因此，相比於不安全依附者，他們更能夠在「親密」和「自主」間找到適切的平衡，可以獨立自主、也能放心與人親近，同時擁有較好的心理界限。他們通常能給予對方溫暖、可靠的感覺，讓伴侶相處起來覺得比較自在和舒適。

焦慮依附者渴望親密關係，也很在乎對方究竟是否關心自己，卻對關係具有相當強烈的不信任感。對關係的不安，導致他們有時過度投入，對關係的變化也會比較敏感。焦慮依附者缺乏自信，擔心自己不夠好，所以對方的愛不會穩定和持久，認爲對方有一天會離自己而去，因而需要緊抓關係，並從觀察彼此互動的線索、透過各種方式來確認關係的存在和穩定。在過度尋求親密感、索求對方關愛和證明時，便可能出現對關係的過度「依賴」。由於焦慮依附者對關係有較強烈的不信任感，因此會需要較多的確認與再保證，致使他們的伴侶經常感到有完沒完的厭煩，並對於需要不斷安撫、一直給保證的情形相當挫敗與沮喪，似乎不管怎麼做都無法讓他們焦慮依附的伴侶安心。

對**逃避依附者**來說，太緊密的關係會讓自己有無比沉重的壓力，也擔心會失去自我。他們傾向躲避衝突，藉此保護自己和避免麻煩。因爲對伴侶沒什麼信心，也覺得對方沒有能力或預設對方不願意幫忙，覺得一切靠自己就好。由於逃避依附者不喜歡過度黏膩的關係，因此在伴侶過度依賴或不斷索求關係證明、渴望關注時，很容易躲避、拒絕情感交流、煩躁，甚至是出現冷暴力。他們不擅長處理伴侶的情緒，也經常搞到對方氣急敗壞，導致伴侶心裡總想著：「明明安撫我一下就好，這麼簡單的一個動作，如果你在乎我，到底爲什麼做不到。」

值得一提的是，比起童年依附的分類，成人依附多加入了「**不定型依附**」。這類型的人，在關係中較容易出現矛盾和混亂的反應。有時想要對方關心，但對方這麼做的時候卻因爲想要賭氣、懲罰而不想理會對方；當對方表現出不耐煩和疲憊而遠離時，又會氣對方這麼快就放棄，也氣對方沒有懂自己不想要他離開的心情。他們經常陷入自己內心的混亂，不確定此時的自己想要的是什麼。如此搖擺不定的狀態，也會導致伴侶不曉得該用什麼方式與他們相處。

綜括來說，如果你在自己的重要關係中遇到危機狀態，心裡會萌生這些感覺，如：不確定對方是否能提供協助、安慰、保護，或不覺得可以安心依靠他們，來獲得心理和實質上的支持與照顧，那麼在你生命中根深柢固的依附模式，很可能就是「不安全」的類型。

還記得曾經有位女性當事人佳欣，來找我討論跟另一半的相處。她看完許多坊間的心理書籍、做過測驗後，得知自己應該是逃避依附者，但觀察自己和男友的互動，又覺得自己會經常想要跟對方分享自己的生活，於是開始有點困惑自己是否爲不定型。

我請她舉了幾個跟男友互動的情境。

「我們要出去玩的時候，我會找很多自己喜歡的旅館貼給他，詢問他的意見，想知道他喜不喜歡再訂房；逛街的時候，我看到好看的衣服也會挑幾件喜歡的去試穿，然後一一問他覺得怎麼樣。有時候，他會被我問得很不耐煩，說我喜歡就好，讓我自己選。可是我們吵架時，我又會覺得講出自己的感受他也不會懂。他問我怎麼了，我卻一句話都說不出來，甚至想要離他遠一點，讓自己可以消化情緒，因爲我不覺得他是眞的想知道我怎麼了。這時候我就會困惑，我到底是『焦慮依附』『逃避依附』還是『不定型依附』。」

佳欣的疑問，其實是許多心理暢銷書籍大量開始出現依附理論之後，很多當事人也會問我的問題。這其實不容易回答，甚至許多助人工作者也不見得眞的分得很清楚，因爲佳欣在生活中渴望跟另一半有些連結和互動，也會關心對方喜歡或不喜歡什麼，吵架時卻迴避面對衝突。看到這裡，我想很多讀者也會想：「如果我也有類似的感覺，我是哪一種依附型態？」

該如何判斷自己的依附型態呢？

以佳欣的例子來說，生活中和另一半相處會想要靠近對方，是再自然不過的事情，這是重視對方，也在乎對方的表現。所以當我聽到她會想要避開衝突時，就會多問幾個問題，幫助我判斷她的依附類型：

一、壓力大時妳會如何求助？
二、妳熟悉自己的感受嗎？
三、在關係中面臨重大衝突事件時，妳會如何解決？
四、妳會如何處理自己難過的情緒？
五、妳會表達自己的情緒和需求嗎？

佳欣告訴我，她和男友發生不愉快時，經常就是自己靜一靜、消化一下就好。她在諮商過程中也很難描述或接觸自己的感受，只覺得男友不滿時的表情讓她壓力很大。這時候的她會想著：「那是你的情緒，你自己消化，我不想管。」也不會告訴男友，看到他的表情時很不滿。最後經常是男友來道歉後，關係就繼續這樣走下去。這些對於遇到重大事件後保持距離的反應、對自己感受和需求的陌生，以及遇到不舒服感受的表達方式，都比較像是逃避依附的樣貌。

這和另一位當事人婕璇的經驗就很不一樣。婕璇和女友的關係中，除了渴望跟對方有多一點時間相處，也會不滿女友有時候因爲加班而錯過約會時間。她會在當下傳訊息指責對方、表達自己的生氣與難過，覺得自己不被重視，也會在女友覺得自責而不說話時，持續追問。婕璇的經驗，就比較像是焦慮依附的樣貌。

試著以佳欣和婕璇的故事，練習判斷她們所在的依附類型（如下圖）。

不妨先在此回顧書中的內容，初步幫自己的依附類型做個判斷，你覺得自己是哪種依附類型？有些人在看完說明後，可以清楚辨識出自己的依附類型，無法馬上判斷時，便可以參考向度的概念，比如可能是在逃避偏安全，或是焦慮偏安全的

▶▶▶ 以有限的資料，可以將她們的依附類型放在這個地方：佳欣（逃避偏安全）、婕璇（焦慮較高）。

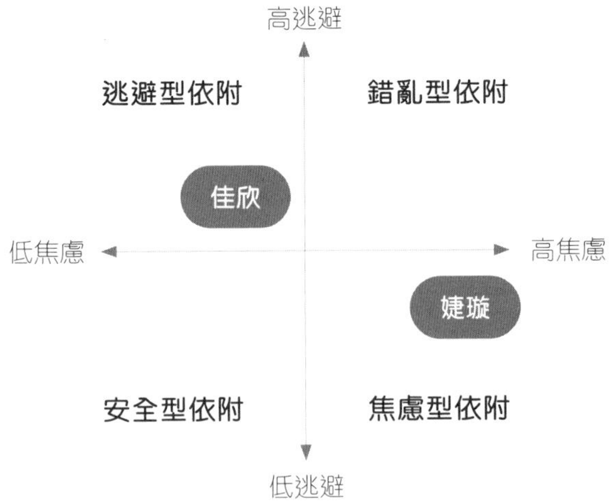

位置上。

影響關係安全感的三種情境

回想自己過往或現在的伴侶關係，可能會覺得自己沒有總是頻繁出現單一的依附類型的反應，而是跟某一任對象、某一次特別事件，才出現焦慮不安或封閉退縮的反應。這是因爲人們對關係，通常不會無時無刻都處在如此不安和不知所措的狀態，而是在感到危機的時候，才會出現我們最原始的本能反應。

對於關係感到不安時，特別是發生嚴重的衝突，恐懼和不確定性會喚起「依附系統」，這個不安全感也會產生強烈的情緒反應。此時，就會迫切需要尋求安慰和連結，或找到方法讓自己恢復平靜，依附的模式會特別明顯。

關係中的不安主要發生在三個情境中：

一、關係出現變化時

在一段關係中，當每天的聊天問候，因爲各種原因而感覺對方不如一開始積極和主動；當原本的甜蜜互動，取而代之的是彼此的摩擦與掌控；當過去的貼心接送，變成如今獨自一人的通勤；又或是從伴侶關係要步入婚姻階段、小孩出生、工作調動或遭遇資遣、被外派、家中父母年邁需要接來同住等。

這些關係中因爲生命階段、人生歷程的各種因素，使得互動發生變化。不論改變的原因是什麼，有理由或沒理由、有道理或沒道理，變化都會讓人不安，進而啟動依附系統。

二、不確定性增加時

關係中的穩定和確定感，會帶來安心的感覺。當生活發生越多不可預測的情況，這段關係勢必無法使人安心。可能是約會時間需要看對方的時間和行程安排才能確定；可能是無法預測約會是否會被臨時取消；也可能是感受到對方突然消失一段時間聯繫不到人。這些不確定因素若是經常發生在一段關係中，也將提升關係的不安全感，啓動依附系統。

曾經有對伴侶在諮商時提到，被外遇的一方看到外遇方想要挽回，儘管對方很努力想要彌補，但對被外遇方來說，心裡一直有個不確定的感受：「你回頭是因爲你還愛我，還是因爲小三不要你了？」這個心裡的不確定感，也會影響一段關係是否能夠持續或修復。

三、感到被威脅時

當今天男友的手機響起，一位陌生又漂亮的女孩私訊問他，明天有沒有空出來玩；當伴侶跟你吵架，總是外出找三五好友喝酒聊天，好像跟他們在一起比跟你相處還開心。

此時，無論這個人是誰，無論這個醋吃得合不合理，這都跟在關係中感到「被威脅」有關：當我發現你跟這個人在一起時是發自內心地開心，跟我在一起卻好像滿腹憂愁和不耐煩；當我感受到有個人正在接近你，我卻弄不清楚你的心意和對方的意圖。這些都是關係連結受到威脅的時刻，於是不安感便會湧現。

人是很需要安全感的動物，但每個人尋求安全感的方式不同，不同的依附型態將會產生不同的內在狀態和行爲反應。

透過正向的關係經驗，形成新的依附模式

因依附模式所形成的自我價值感、對他人的信任感，都具有相當的穩定性，不容易因爲對象的不同而改變。比如安全依附的人，普遍能夠感受到自己需要時，關係的對象

能夠提供支持與陪伴；不安全依附的人，則比較不信任關係的對象，也容易用對關係有損的方式來處理感情問題。

然而，倘若伴侶關係能提供安全感和穩定性，可以藉由這樣正向的關係經驗，來幫助自己形成新的依附模式。雖然無法從不安全依附狀態變成安全依附狀態，卻可以逐步往安全依附靠攏（如左頁上圖）。

不過，當遭遇創傷，像是關係發生劈腿、外遇；或童年有過被遺棄、被虐待的經驗；又或者日常生活發生不幸事件，像是重大壓力源出現或生病，將容易產生強烈的情緒反應。當恐懼感和不確定性因子提高時，便容易喚出內心最原始的你，甚至加深焦慮或逃避依附的情形（如左頁下圖）。

依附類型與依附位置

在關係中的雙方，可能因為「依附類型」或本能習慣的不同，出現不一樣的方式來面對當下的危機，形成一個互動模式。在這個互動中，伴侶通常有固定的**「依附位置」**（attachment position），或稱「互動位置」（interaction position），其中一方會是**「追逐抗議者」**（pursuer），另一方則是**「逃避退縮者」**（withdrawer）。

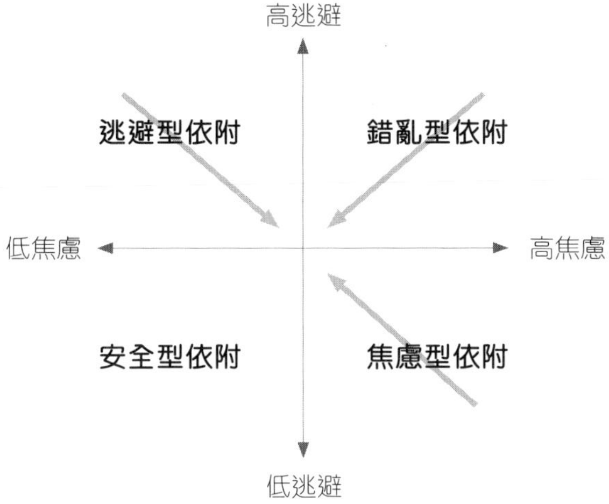
高逃避
逃避型依附
錯亂型依附
低焦慮
高焦慮
安全型依附
焦慮型依附
低逃避

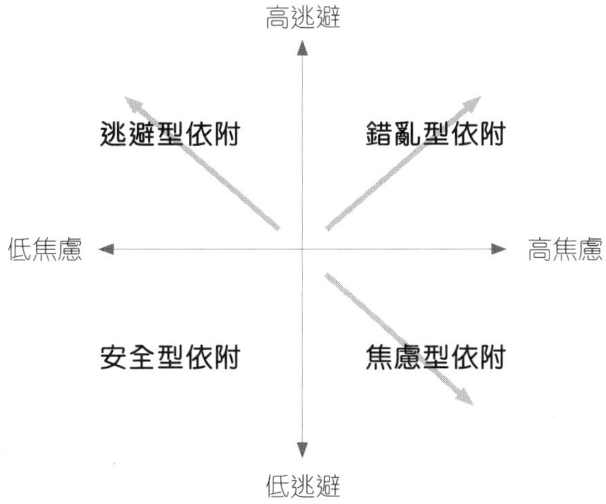
高逃避
逃避型依附
錯亂型依附
低焦慮
高焦慮
安全型依附
焦慮型依附
低逃避

大約有七、八成左右的焦慮依附者，在關係中屬於「追逐抗議」的互動位置；也有約七、八成左右的逃避依附者，關係中的互動位置屬於「逃避退縮」，剩下的兩成有些特殊例外，本書之後會有進一步的介紹。

當追逐抗議者感受到關係出現問題，或是關係不如預期，想要重新取得安全感時，較容易透過指責、抱怨的行爲模式，表現出對關係現狀的不滿，進而產生一系列的行爲反應。他們期待藉由這樣的抗議和反應，能夠改善關係；逃避退縮者則容易透過拒絕溝通、冷漠不回應、理性表達、講道理、情緒隔絕等方式，來找回關係的穩定和自己的平靜。

與依附類型不同的是，依附位置較容易因爲對象的不同、重大事件的出現而有所變化。在接下來的內容中，爲了避免錯亂，將主要以「依附位置」來介紹和說明。

從關係的核心，找到關鍵的解藥

在本書中，會從依附的概念看個人的發展、伴侶關係問題的形成，以及如何解決關係中遇到的困境。人有生老病死，而關係也會有親密、不安、摩擦、衝突，但重點不在於衝突的事件，而是衝突底下隱藏著什麼重要而未被覺知的核心根源，以及我們怎麼面對這些衝突。

希望藉由本書的引導，能夠協助大家探索、辨別自己和在乎的人有著什麼樣的關係模式和行爲。特別是在關係發生重大變故的時候，那個核心的你們如何互動、處在什麼樣的狀態。一旦能夠瞭解自己在哪種關係壓力情況下，會出現本能的生存模式和依附樣貌，便可以對自己和另一半有所接納和提醒，也能嘗試避免帶著指責或批評的眼光來數落自己或另一半，以開放、好奇的心態瞭解自己，提高調整的可能性。

同時，若是能夠找到合適的做法來因應自己的依附模式，並理解和回應伴侶的依附模式，就能重建彼此的安全感和有品質的關係連結，進一步打破舊有的關係模式，減緩衝突。如此一來，也更能體會到親密感和安全感。

不管是劈腿、外遇、婆媳、姑嫂、價値觀、溝通不良的問題，若有心想要處理、拯救自己的關係，建議宜早不宜遲，在問題還沒成爲難解的心結時，才會事半功倍。

此時，我點的熱榛果拿鐵來了，我將筆電輕輕蓋上後捧著咖啡杯，想藉由杯緣的餘溫，一邊捂熱這被寒流凍結的雙手，一邊對著咖啡廳外攘往熙來的人群發呆。

似乎講到一半被打斷的安琪接著說：「其實我沒有覺得他怎麼樣，只是有時候忙起來，陪我的時間就會比較少。我只希望他下班後，不要用這麼多時間處理公務訊息，這會讓我想到我爸媽。我媽經常跟我抱怨爸爸很忙，我從她的眼裡看到一個好孤單的靈魂。」

聽得出來，安琪的話語中傳遞著淡淡的哀傷。忙碌的另一半，和想要多點相處時間的自己，這何嘗不是許多關係都會出現的樣貌？內心渴望跟自己在乎的人，有著多一點的互動，想跟他分享生活的點滴，也想聽他講講自己。

所以安琪試著講出自己在關係中的感受，也想調整彼此的互動。我心中暗自欣賞她爲自己和爲關係的爭取。正當我這樣想的時候，安琪的朋友問了她一個問題：「妳有把自己的感覺告訴他嗎？」

「怎麼可能！怎麼可能直接這樣說！我就問他，爲什麼他總是這麼忙，好像每天有忙不完的事情一樣，我到底要等到什麼時候。這讓我覺得他眞的愛我嗎？如果他愛我，怎麼會感覺不出來我其實很不爽！」

「那他怎麼說？」其中一個朋友問。

「沒有說什麼啊，我們就吵起來了！他說我爲什麼要抱怨東、抱怨西，很奇怪耶！」

果不其然，雖然安琪想要調整關係的立意很好，可是她用的方式，的確很有可能走到這樣的結果。我喝了一口榛果拿鐵，繼續我的工作。

在一旁聽下來，感覺得到安琪對這段關係的期待，以及想要解決的問題。然而，這個心裡長期累積下來的不舒服，加上對關係現況的不安，可能讓她用了自己熟悉和擅長的方式來處理關係問題，卻讓另一半聽起來像是抱怨和責怪，感受不到其實她有多傷心和孤單。儘管關係出現能夠改善的機會，也就這樣倏忽即逝。

檢核自己的關係模式

接下來，本書會先著重討論兩種常見的依附類型和依附位置：「焦慮依附／追逐抗議」和「逃避依附／逃避退縮」，並認識這兩種類型的特徵，以及背後的核心狀態。

如果從前面的介紹、過往看過的書籍，以及對自己的認識，你已經大略能判斷自己屬於哪種類型，便可以為自己挑選從該篇章開始讀起。

如果你是焦慮依附／追逐抗議的一方，要想瞭解自己，建議可以從1-2開始閱讀；如果你是逃避依附／逃避退縮的一方，則可以先從1-3閱讀起。不管從哪邊開始，都可以透過另一個部分來瞭解與自己不同類型的伴侶狀態。

如果你不太確定，則可以試著勾選下頁的檢核表。這不是正式的測驗，但能幫助你對自己有初步的整理、反思關係的狀態，接著再閱讀後續篇章，可能會更有收穫。

▶▶▶ 檢核關係模式的 12 道問題

伴侶	關係反應	我
	1. 心情不好時，會觀察對方有沒有注意到	
	2. 當對方不開心，會覺得這時候多做多錯	
	3. 會感受到對方的不滿並找時機告訴對方	
	4. 覺得生活需要一點自己的時間	
	5. 有時會過度將注意力放在對方身上	
	6. 當彼此有些不愉快時，會想要讓雙方冷靜一下	
	7. 敏感於對方的轉變，並且想要瞭解發生什麼事	
	8. 經常在衝突中不說話或是離開現場	
	9. 渴望兩個人可以有更多時間相處，當對方不在身邊時會覺得孤單	
	10. 較少表達或顯露自己的情緒，或是在衝突時想要說道理	
	11. 當關係衝突或冷戰時，會主動開啟對話或觀察對方何時來找自己處理問題	
	12. 自己心情不好時傾向自己消化解決	

NOTE

若勾選的奇數題比較多，那或許就比較偏向焦慮依附／追逐抗議的一方；若是偶數題比較多，便可能比較偏向逃避依附／逃避退縮的一方。

也可以藉由下方的表格試著自我檢核。可能有些人會困惑，瞭解自己在關係中是追逐抗議方或逃避退縮方，有這麼重要嗎？

唯有清楚自己的位置，才能比較理解與接納自己和伴侶的反應與狀態，不會覺得自己很糟糕，也可以減少覺得對方故意找麻煩的感受。

不見得能夠馬上弄清楚自己的依附類型，但可以瞭解自己處在哪個依附位置。如此一來，既可以理解自己和對方，又可以產生同理，調整也才不會做白工，可以少走些冤枉路。

接下來，會分別透過1-2和1-3，認識兩種依附位置會出現的特徵與狀態，以及個別如何影響關係的互動。

▶▶▶ 依附類型自我檢核表

逃避依附	焦慮依附	安全依附	
X	△ （表達方式可能會出現一些問題）	V	表達
高，但不見得表現出來	高，而且會表現出來	適當	敏感性
低	高	適當	對親密感的渴望
希望保有自己的空間	希望多點互動	適當	對關係的期待
傾向自己消化處理	渴望依靠他人幫忙和被支持	可以適度尋求協助，也能適度自我調節	對依靠他人的想法

1-2 當愛卽逝，我的焦慮如何安放？

探索追逐抗議者的內在狀態

伴侶吵架時，有的人討厭另一半如同機關槍般劈哩啪啦地碎念；有的人不喜歡另一半在彼此很激動時，討論剛剛發生的衝突；有的人無法忍受另一半答應了，卻沒有做到：有的人痛恨爭執時，另一半不斷翻舊帳，如同要找到一個過去的證據，來坐實自己的罪過。

人們似乎都有自己在關係中經常出現的樣貌，也都有特別不喜歡對方做出的反應。若是遇到了，不耐煩的感覺便會油然而生，於是不斷設法改變對方，或希望對方用自己想要的方式來互動，卻也在狀況不如己意時感到失望。

「我不希望跟他說話時，他連看都不看我，這到底是什麼意思，難道關係中連尊重都沒有了嗎？好像跟我講話是在應付我一樣。」對方的反應會勾起人們對感情的不安和警覺，感受到彼此之間的愛好像不一樣了。此時，焦慮感就竄出了頭。

在我的諮商臨床實務中，若是當事人來找我討論親密關係的議題，約有七、八成都與關係的焦慮感有關。因此，我希望從這個角度開始，與大家分享諮商中針對處在焦慮狀態者的一些觀察。

在這一節中，可能會發現自己好像符合「追逐抗議者」（就依附類型而言，也稱焦慮依附，後以追逐抗議者統稱）的一些特徵，也可能找到跟自己很像的行爲模式。看到這些相似之處，就能知道有許多人其實跟自己一樣，可以不那麼孤單。倘若有些特徵並非完全符合，也不用擔心，透過覺察，可以看見自己和伴侶的互動樣貌，藉此找到屬於自己的關係解方。

在這些文字中，也可能看到生命中重要的人——可能是現在的伴侶、過去的伴侶、父母、朋友——的行爲反應或狀態，發現誰可能屬於追逐抗議的一方，更熟悉這個概念，也能用以理解對方。

不妨先透過一個簡單的例子來瞭解「追逐抗議者」可能出現的樣貌。

那些得在關係中保持警覺的種種線索

「如果不愛之後可以不用這麼痛苦，那我好想收回對他的愛。愛著他的後面這段日子，我不知道哭了多少回、失望了多少次，但我從他的反應和眼神裡，只看到漠然。」

還記得這是我們第一次見面，欣怡眼眶泛淚，神情落寞地訴說著與另一半的關係和心裡的難受。最近半年，她經常因男友反應不夠熱烈而感到焦慮，覺得男友好像不再這麼喜歡自己。互動中的種種跡象，讓欣怡覺得他好像不一樣了。

清秀的欣怡是個大學生，與男友交往至今剛滿三年。初期，兩人會一起規畫假期，不管到哪兒幾乎都是兩人一起。這時的欣怡很幸福，能感受到自己被所愛的人好好愛著。

遺憾的是，這樣甜蜜而穩定的關係持續不到一年。

原來，由於兩人不是在同一個縣市生活。交往一年後，男友因為年末有許多業務需要收尾，加班成為日常。他告訴欣怡，有時周末不想特地北上，想要有多一點的休息時間。這個轉變讓欣怡很沮喪。上課忙碌之餘，周末是她每周期待的相處時光。

「我知道他忙，所以他上班的時候，我也克制自己想他的衝動，盡量不打擾，讓他可以好好完成工作。他卻沒有因為這樣，知道我有多體諒和尊重他，在其他時間多陪我一點。」

「這讓妳有點生氣，覺得自己的體諒好像沒有被看見、好像他工作忙碌之餘就沒有心思再陪妳。」我說。

欣怡點了點頭。

讓情況加劇的是，不只周末的固定約會改變了，下班後男友也開始不再每天陪自己講電話講到睡著，也偶爾忘記說晚安便就寢。這對欣怡來說，是關係有所變化的警訊。

「他明明知道我對現在的關係很不滿意、對他的反應很失望和難過，爲什麼可以這樣把我放在一邊不管、不顧？難道我就這麼不堪，要被他這樣冷漠對待嗎？」

這時候的男友在欣怡眼中，一點都不是在她傷心難過時會安慰自己、陪伴自己的另一半，而是使她心情低落、痛苦萬分的兇手。男友在關係中的態度轉變和不耐煩，讓她感覺到關係發生變化。眼前曾經可以耐著性子溝通和關心自己的人不見了，取而代之的是煩躁和懶得解釋。

因此，她開始不明白對方怎麼了、爲什麼會出現這樣的轉變、是不是對方不再愛自己了？對關係的不確定感也跟著提升，也覺得原本穩定的關係和男友對自己的關注力，被工作和其他人所分走，甚至是占據了。

關係的變化和不確定感，都將成爲欣怡的刺激源，進而引發自己陷入擔心關係出狀

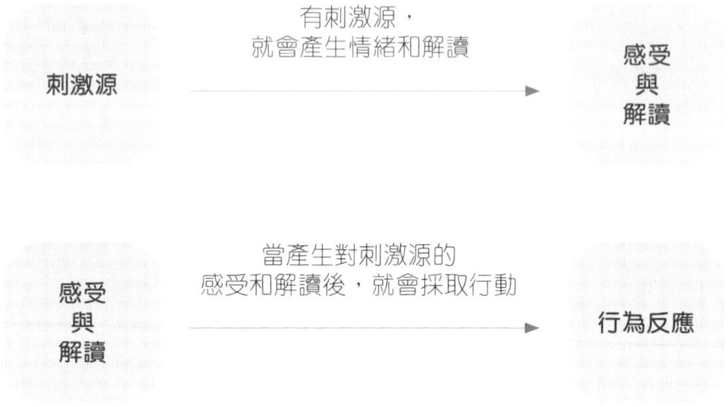
有刺激源，
就會產生情緒和解讀
刺激源
感受
與
解讀
當產生對刺激源的
感受和解讀後，就會採取行動
感受
與
解讀
行為反應

沉的思考中。

當關係出現變化或感受到威脅時，便是關係的刺激源。這個刺激源會帶給我們感受，也會連帶要我們如何解讀這件事情。

男友的反應，造成欣怡內心的焦慮、擔心和害怕，開始思考自己是否哪裡做得不好，或是對方有沒有隱瞞自己什麼祕密。

一旦有所感受、有所解讀，接下來便可能出現一系列的行爲反應，來避免眞正出現使自己最害怕的情況。令人可惜的是，這些行動經常不適當，也無法改善關係；有時甚至不只無效，還會反過來對關係造成更多傷害與破壞。

被焦慮吞噬，讓欣怡對眼前的另一半感到陌生，並將男友的反應理解爲忽視和冷漠。慢慢地，欣怡逐漸忍受不了男友無視她的不滿，開始表達更多的抱怨和憤怒，甚至要求對方做些事情來讓她安心。欣怡也開始詢問男友最近到底怎麼了，爲什麼有這麼多轉變。工作忙碌、疲憊，都被欣怡視爲推託的藉口。欣怡用盡一切方法，就是希望可以重新恢復過去的關係。

當我聽到她所採取的方法，似乎也能明白爲何男友越來越不知道如何與她相處。

「當妳開始覺得關係不如以往熱絡，妳都怎麼辦啊？」我問。

「我會直接跟他說啊！」

「妳會直接讓他知道妳的不滿。那他的反應呢？他會怎麼回應？」

「他就會跟我說：『好啦，我知道了！』可是也沒有什麼改變啊！好像我講的話他就當耳邊風，聽的時候敷衍，然後聽過就算了！」

「我想這似乎讓妳很不好受，覺得被敷衍，那這時候妳會怎麼處理這件事呢？」

「我們會吵起來，而且有時候很激烈。我偶爾會氣到失去理智，也怪他到底爲什麼可以這麼不在乎。」

「那這樣的衝突後來會怎麼結束？」

「我們會達成協議，比如我要他起床時跟我說一聲、到公司時也讓我知道、下班後不要跟其他人出去應酬。我希望他能讓我安心，不要一直做出很多讓我懷疑的行爲。」

我想藉由這段對話，評估和瞭解這對伴侶在面對衝突時是如何處理和互動的。以我在伴侶諮商的經驗，我猜這並不是「協議」，很大的可能性是欣怡單方面的要求。每次衝突之後，男友爲了安撫欣怡的情緒，就會妥協、配合她的一些要求和規定。若不如此，兩人便會有沒完沒了地吵下去。

「難道我這樣做很過分嗎？他都沒有想想，這段時間他變得有多麼疏離和冷漠，好像不再讓我知道他的事情，他也不在乎我的事情。」欣怡激動地說。

「他的變化讓妳好不安，而妳用盡各種方法想要找回他對妳的關心，還有你們曾經的感覺，是嗎？」

「對啊！」

「可是我好像也聽到，他的承諾和安撫很難讓妳眞的安心或滿意。」

欣怡緩緩低下頭，沉默了許久。

面對關係的變化和不確定感，欣怡用自己想到和習慣的方式，來爭取對方的在乎與重視。所以當她一方面感受到男友的疏離，就反映出自己的不滿、抗議對方的行爲；另一方面在覺得被敷衍時，更激烈地抗議，從而爭取對方的安慰和保證，讓自己藉由對方的反應來感覺到「好，現在關係應該安全、沒問題了」。

可是，欣怡用來找回關係的方式是，當男方想要跟許久不見的朋友和同事吃飯，也需要經過欣怡的批准，甚至期待對方帶她一起去；聚餐中如果有女性在場，這個局便不准男友參加；當男方參加朋友的聚會沒有邀請她一起，就開始想著他們是不是在聚會中講自己的壞話，然後不斷用訊息要求對方回電或馬上回家，否則就要跟對方分手。

很顯然地，欣怡並沒有意識到自己的舉動，正一步步將對方越推越遠，並且讓關係卡進一個死胡同裡。

「我聽到妳好努力想要挽回關係。能不能幫我瞭解，在妳的經驗和觀察裡，這些方法，比如限制、要求、催促、威脅，有在關係裡發揮作用嗎？」我問。

欣怡嘆了一口氣後說：「一開始好像有，他會聽我說然後配合，但持續一段時間後他就做不到了。他又會找很多理由說自己最近很忙，需要時間休息、想要一個人靜靜。」

「這是妳不能接受的，於是妳好用力地想要把他抓回關係中，正視妳所在意的事、重視妳的感受。這時候，妳甚至不惜冒著發生衝突的風險，也要他給妳個交代。」我說。

「好用力」是欣怡在這段關係裡的責任。關係發生變化，會想瞭解情況是再尋常不過的動作，然而那個「過度用力」，便是摧毀關係的一把利刃，也是追逐抗議者容易陷入的盲點。

這時候需要提醒自己，將焦點稍微放回自己身上，明白在爭取關係安全感的同時，如何因焦慮造成的過度用力，逐漸失去這段關係。

「那麼一開始有用的方法，後來怎麼了？為什麼妳出現在諮商室裡跟我一起討論關係問題？」我好奇看似有效的方法，之後為什麼失去功效？

焦慮與不信任，親手摧毀辛苦維護的關係

男友的配合並沒有持續太久，而欣怡因為覺得自己似乎無法「眞正」得到男友的關心，更加倍施壓，出現更強烈爭取關注的行為。

後來，男友便因為欣怡的沒安全感不斷被限制。他發現不管自己用什麼方式想讓欣怡安心、多麼努力嘗試安撫，總會被挑出錯誤又被指責。「不論怎麼做都無法達到對方期待」的心情油然而生，沒有一刻可以停下這樣的循環，這段關係充斥著不滿、批判、指責與否定。當男友因為出差提早下班，想北上找欣怡時，卻換來對方一句：「你為什麼不能提早跟我說？我不是告訴你，要來的話要提早讓我知道嗎？」

男友本來以為努力空出時間陪伴，可以獲得欣怡的認可和感動，卻換來一個讓自己

覺得莫名其妙的回應。

於是男友不想再隨之起舞，也表達自己的期待，以及他們的關係多麼需要調整。他如同快窒息般，努力掙脫著這雙掐著自己脖子多時的手。

這時欣怡所感受到的，是被另一半的情感忽視，同時也被自己的想像和恐懼吞噬。她恐慌無助，更焦慮和害怕失去對方。

對關係的過度敏感，會放大對情感變化的感受，並且容易對於關係「不再一樣」的訊息非常不安。有時候過度的焦慮，會讓人變成如同餵不飽的大胃王，不管對方做出什麼反應、餵食什麼，可能都不會有滿意的一天，總能在一些小地方挑到毛病，因而再次喚起內心的不安。

每個人在關係中不安時，表現出來的樣貌也都不一樣。想像有一群人在登山時迷路，大家陷入焦慮和緊張的狀態時，人人的反應和想到的解決方式也可能大相逕庭。有人可能會原地崩潰或哭喊、有人可能拿出地圖來看、有人可能透過指南針或北極星定位、有人可能選擇駐地紮營等待救援。這些，都是遇到危險時的不同處理方式。在關係遇到危機時，就如同遇到危險一樣，會展現不同的求生方式。

那麼，進一步來看看，追逐抗議者在出現不安的感受時，經常用什麼策略來找回關係的安全感吧！

「追逐抗議者」常見的七種行為策略

在情感關係中，可能很常聽到類似欣怡的經歷。接下來，將進一步瞭解「追逐抗議者」可能會出現的七種行爲策略與模式，包含：追問與確認、控制與占有、討好與配合、要求與挑剔、批評與抗議、威脅與勒索、分享需求和感受。追逐抗議者會透過這些行爲策略，找回在關係中的安全感和內在的穩定。

一、追問與確認

若一個人在關係中的互動位置屬於「追逐抗議者」，一旦感受不到伴侶對關係有所重視，就會想跟對方溝通。透過追問、表達不滿，甚至是打破砂鍋問到底的方式，彷彿要撬開對方的腦袋來確認另一半的想法和意圖。

藉由瞭解情況找回一點掌控感，並在表達和瞭解的過程中，尋求對方的關注、支持和理解，希望發現一點讓自己可以安心的線索。

追逐抗議者若採用追問策略，可能經常說出下面這些句子：

「到底怎麼了？說一下你怎麼了，很難嗎？」

「你爲什麼都不講話，你知不知道這樣的態度很討人厭？」

「這時候的我就想要你的安慰啊！爲什麼你連這些最基本的安慰都做不到？爲什麼你總是這個樣子？」

另一半的悶不作聲和轉頭就走，經常是追逐抗議者最難以忍受的反應，也是引爆理智線斷裂的最後一根引線。有時候，伴侶可能是單純不曉得怎麼回應，或是眞的沒什麼想法，但兩人起衝突、不愉快時，不說話和掉頭走人就不是表面上看起來這麼簡單。那樣的動作傳達出來的訊息是不願理會、不耐煩，會進一步勾動追逐抗議者那條最敏感的神經——「被拋棄」。

此時，追逐抗議者感受到的，就是對方的不在乎、逃避面對問題。這會讓他們極度不安，覺得關係要毀了。因此在不明究理的情況下，努力挖掘「現在到底是怎麼一回事」「你到底是什麼意思」，就是追逐抗議者尋求連結和確認關係的重要方式。他們會希望對方能夠正視問題，並且與自己好好溝通，來面對問題的核心。

「如果你不知道現在是怎麼一回事，我就說給你聽；如果你有什麼意見，我就聽你說。當你不聽我說，又不說給我聽，就是我的激動開關被打開的時候，腦中浮現的是：『你到底想怎樣？』」這就是追逐抗議者此時腦中的獨白。

試著透過各種方式，讓對方可以理解自己的需求，這並不過分；表達出自己的不滿、委屈和難過時，不過也只是希望尋求對方的陪伴與支持，讓自己感受到對方不會因爲剛剛的衝突而不再愛了。

追逐抗議者心裡這樣渴望著，卻總感受不到對方能適當給予回應和關懷。這時候，他們對彼此關係可能更爲警覺和嚴苛。或許對方覺得自己已經有所回應，但那些嗯嗯啊啊的反應，仍然達不到追逐抗議者設下的標準，也難怪他們會想追問到底，直至得到滿意的答覆爲止，可惜總是事與願違。

二、控制與占有

人是很需要掌控感的生物。關係的變化使人不安，而控制的手段，是追逐抗議者在面對不安時的典型表現。

雙方從認識、觀察、探測、試著深入瞭解，到最後建立關係，並透過彼此的灌溉讓關係逐漸成型，這樣從無到有建立起一段關係是多麼不容易的事情。當關係出現狀況，追逐抗議者通常會先嗅到問題，他們往往也是比較積極處理問題、想方設法維持關係的一方。

敏感於關係的變化不是壞事，能敏銳於對方因爲自己說了什麼話而傷心、做了什麼事而生氣，便有機會調整關係的狀態。然而，當關係變得太過於草木皆兵，進而形成的高壓控制，反而可能讓自己親手毀掉關係。

在欣怡的故事中，男友其實一開始並沒有想要分手，只是覺得兩人似乎不用這樣每天黏在一起，他也有想要單獨做的事情，比如跟朋友出去吃吃飯、打打球。因此，男友對欣怡提出自己的想法，希望關係可以做出調整。但這個提議，對欣怡來說就像是男友在預備結束一段關係，勾起她內心深處害怕被拋棄的焦慮，讓她無法消化自己的恐慌，因此用盡各種方法想要維持掌控感。交往三年的他們，從一開始的熱戀到後來感情趨於平淡，欣怡覺得這一切的改變，都源自於男友已經沒有這麼喜歡自己了。

此時，追逐抗議者因害怕失去關係，而藉由掌控來取得安全感，看著對方因為自己的要求而改變，便認為對方好像有在乎自己。可惜的是，這樣的在乎通常都無法持續。回想讀書時，被爸媽或老師壓在書桌前面讀書，有多少次是自己心甘情願？就算願意配合，也將充滿埋怨。

另一方面，追逐抗議者也極度害怕被背叛、被欺騙。所以，當關係出現異樣，他們會盡可能不讓自己陷入這樣的困境。平時在一般關係中可能表現得不明顯，但建立起自己的親密關係後，便可能激發或喚起他們內心那套敏感的內在系統，讓猜疑、嫉妒、獨占欲、失去安全感等占據腦海。此時的他們內在很脆弱，為確認和保有可以讓他們安心的關係，甚至可能做出連自己都覺得失控的事情來找回掌控感，比如控制、監視、偷看手機、裝設定位等。

害怕失去控制，因而想要拿回關係的掌控感，但遺憾的是，控制傳遞的不是愛，只是猜疑、妒忌和不信任。感覺關係發生變化時，追逐抗議者想到的方法就是緊緊抓牢。殊不知，這樣的防堵只是讓自己安心的方式，無濟於關係的改變和調整。這個防堵，其實只是防心酸而已。

三、討好與配合

人的一生都在「追求親密」與「尋求獨立」之間，嘗試找到一個適合自己的平衡。而要如何做到平衡，往往需要不斷地來回調整。

追逐抗議者爲了尋求親密感，會表現出在乎、貼心、討好，來嘗試與伴侶互動和連結。過度追求親密時，就可能產生依賴，倘若成爲習慣，對伴侶也會有所期待與要求，藉此符合自己心目中理想的親近程度。

當關係出現變化，焦慮感升高，除了可能導致追逐抗議者想要控制對方，也可能出現過度付出和討好的現象。希望透過付出來迎合對方，藉此換得對方的愛與注意力，挽回這段有所變化的關係，卻往往忽略與犧牲自己的需求。

誤以爲做了對方喜歡的事情，就可以讓對方愛上自己，然而這些行爲，其實都只是爲了自己能夠被喜歡、被愛。追逐抗議者陶醉在無私的奉獻中，甚至自己製造回饋，想像對方因爲自己的付出和改變而感動、感受到自己的重視。這使他們常留在幻想中，現實卻如同冰雹打在臉上般刺骨。

追逐抗議者珍惜關係，想要靠自己的努力來取得對方的重視。這些討好的行爲，或許能好得了一時，卻不是關係經營的長久之計。可惜的是，他們經常陷入這樣的迷思和困局中。

四、要求與挑剔

當追逐抗議者內心對當前感情已經失去信心，這時候任何的刺激，都可能讓他們更無法眼睜睜地看著得來不易的關係變得風雨飄搖。或許一開始有什麼不愉快與爭執，但只要另一半的一個安慰和保證，就可以讓他們原本焦慮不安的心獲得安撫、獲得平靜。

然而，這時追逐抗議者若是沒有接收到伴侶的誠意，例如：道歉時感受不到眞心、沒有在需要時撥通電話關心，或是在朋友聚會中被忽略身體不舒服想要回家的訊息。沒有感受到另一半有效的安撫，內心的焦慮和對關係的失望便可能急遽上升。

或許原本一句話、一個問候就可以解決的問題，最終演變成世界大戰。

於是，追逐抗議者可能會設法讓伴侶知道自己覺得被忽略、不被在乎，也介意對方不懂他們的感受和想法。同時開始要求另一半，用他們希望的方式提供關心與安慰，偏偏自己又無法相信那些透過要求得來的東西，覺得對方只是在「應付」自己。

「這些都是我要來的，又不是他眞心想這樣做。」欣怡委屈地在諮商中落淚。她把頭轉向另一處，一邊氣惱地說著男友好像要鞭策才會改變，一邊難過地訴說自己在關係中感受不到對方的用心。

「總是要我說出自己需要什麼，如果他眞的還在乎我，爲什麼沒辦法體會我的感受，主動做一些可以讓我覺得安心、覺得被關心的動作？我要的就這麼簡單而已，爲什麼他沒辦法這樣對我，這有很難嗎？」

於是，欣怡開始要求男友跑在她的需求前頭，若對方一個沒留意，或是沒有達到自己期待的標準，焦慮感便會再次呑噬她，導致她開始對男友生氣、指責，甚至怪對方無能。

「不是眞心的」「都是我要來的」「要來的東西無法持久」「我不要求就沒有」。這些關係中的不確定感和不穩定感，都會使追逐抗議者心生懷疑和不信任，不覺得這樣的付出夠穩定，因而像是在雞蛋裡挑骨頭、難以輕易接收。

此時的關係陷入了死胡同，不管對方怎麼回應，追逐抗議者都會覺得自己「被應付」。同時，這也讓另一半陷入窘境，面對一道怎麼做都不對的難題，覺得對方難以滿足、難以伺候、不斷被挑剔。最終，伴侶的耐心被耗盡，覺得對方越來越無理取鬧，心想：「反正怎麼做都不對，大不了都不要做，還省事的多。」

五、批評與抗議

「你也不看看自己幾歲了，還讀什麼書啊？好好賺錢把家顧好不是比較實在嗎？」

「哎喲！講一下就生氣了耶，現在都不能說了，是不是？」

「我說過多少次，在小朋友需要的時候你要主動幫忙。你是聽不懂人話，還是記憶力和腦袋有問題啊？」

「你一點都不在乎我，到底憑什麼還要我對你付出！」

這些批評和抗議的行爲，可能是追逐抗議者想要重新獲得重視的反應，也可能是那些積怨已久的情緒需要找地方抒發。他們用來抗議的方法可能有很多種，直接的像是：表達生氣、不滿、指責、數落、攻擊等，或是迂迴的如同：調侃、酸言酸語、抱怨、比較、指桑罵槐、嘮叨碎念等。

追逐抗議者因爲不滿，所以抗議。抗議得越來越激烈、也抗議得越來越失控，用盡各種方式激發對方的反應。當上述方法已經無法奏效時，他們無助、絕望，就像在大海中快溺水的人一樣，胡亂抓浮木，希望可以吸到一口氣。

然而，這些行爲可能都會爲關係帶來更大的傷害。

追逐抗議者很容易將雙方衝突的問題歸咎於另一半，覺得自己的不滿和難過都是對方造成的。他們心裡面想著：「如果你可以知道我在乎什麼，就不會放我一個人在這邊，而你無所作爲。」「如果不是因爲你，我才不會變成這樣。」

透過怪罪和歸咎，把一切推給對方，便可以讓自己好過一點。他們雙手一攤，期待和等待對方看到自己的抗議後，可以有所覺悟和改變。最後可能更扮演起受害者的角色，指控對方是關係問題的兇手，扼殺了關係的進展，也忽略自己在關係中需要承擔的責任。

六、威脅與勒索

「你五分鐘之內沒有回我電話，我就從頂樓跳下去。」「你現在就給我道歉，否則就別想再看到我。」這兩句話是欣怡和男友出現最激烈的衝突時，曾經講出的話。

「我知道講出這些很誇張，可是我實在是沒有辦法，如果不這樣說，他根本不會理解我有多難受，也不會做點什麼來幫我的忙。」欣怡有點自責卻又充滿無奈地說。

「我知道妳好痛苦。妳的痛苦不單純是因爲他這樣對妳，還有妳找不到方法感受他的重視，所以顧不得講出這些話會怎樣破壞關係，只顧得了自己當下受傷的心需要馬上獲得安慰和保證。」我對她說。

欣怡聽到我的話，雙手捂著臉嚎啕大哭。

情感威脅和勒索，是追逐抗議者無助到極點時，可能出現的極端反應。目的是透過痛苦威脅，引發對方的罪惡感，希望迫使對方改變和正視、在乎自己的感受與需求。

「如果你不＿＿＿＿，我就＿＿＿＿。」

「如果你不現在把話講清楚，我就跟你分手。」

「如果你不明天之前給我答案，我就跟你家人聯絡。」

「如果你不去替我跟你媽澄清，我就不會再回你家。」

追逐抗議者善於下通牒。有時候他們可能並非刻意要讓對方爲難，而是透過這些行爲獲得當下最渴望的內在需求：安全感、被保護、被重視，並設法處理內心的痛苦。他們心裡想著：「你做了這件事，我才能原諒你、重新接受你對我的好，否則一切免談。」

或許，他們也想藉此測試對方在乎的程度。

「神經質」「不講理」「極端」「偏執」「爲達目的不善罷甘休」，都是強烈追逐抗議者的另一半會爲他們下的註解。然而這些追逐抗議者習慣的策略，卻容易被視爲無理取鬧、舉止荒唐，甚至充斥著威脅的意圖。長久下來可能會慢慢磨光伴侶對關係的耐心，逐漸感到厭煩或疲倦，最後再也無法用追逐抗議者期待的態度和方式來互動。

就行爲而言，這些舉動眞的很蠻橫無理。然而，若往內在深掘，其實他們相當痛苦，這些反應無非是因爲對關係不安，用盡一切方法仍無法換得對方的關心與回應時，才不得不使出來的最後殺手鐧。

有些人做出這些行爲後，會後悔自己造成關係的破裂，卻無法停止這些破壞性的行爲。在關係緊張之際，仍像要溺水一樣，隨手抓住最習慣的方式進行、脫口說出情緒性的字眼和衝動的氣話。若這個殺手鐧曾行得通，就開始在各種場合都用上這個手段，因爲只有這樣做才可以改變對方的行爲。

其實想想，這何嘗不是讓人心酸的結果？

七、分享需求和感受

追逐抗議者除了使用上述較容易讓伴侶疲憊、想逃避的行爲外，也有對關係經營較爲正向的行爲。

相較於逃避退縮者，他們會盡可能嘗試讓對方懂自己，也比較願意清楚表達和分享自己的想法、感受和需求。

「如果讓你懂我，你會不會因爲在乎我、愛我，盡可能不讓我失望和受傷？」正是他們內心的潛台詞。因此他們會試著去表達自己的心情，渴望從這些分享中，感受到與對方的回應和連結。

同時，他們也期待對方能和自己一樣重視彼此：「我讓你知道我怎麼了，也希望你能分享自己的感受和想法，讓我知道你的反應不代表你討厭我，或是想把我推開。」所以追逐抗議者會試著關心、詢問，嘗試引導對方表達自己的想法和感受。

不過有時候，追逐抗議者卻也會因爲太急著表達自己的需求和感受，反而沒有機會打開耳朵或聽到另一半的心聲；或是因爲伴侶總無法給出期待中的回應，而展現出不耐煩和生氣的情緒。最終，導致這個能夠互相瞭解的互動功虧一簣，甚至成爲彼此爭執的導火線。

以上這七種行爲策略是否常出現在你的關係中？是否跟你或伴侶表現出的行爲反應很像呢？如果是的話，就代表你可能處在「追逐抗議者」會有的狀態。

▼追逐抗議者行為策略的利弊得失

現在，可以為自己做個整理：如果你出現以下行為，可以在行為上方的空格打勾。也試著反思，這些行為的出現，會有什麼一體兩面的情況？

□ **追問與確認**

好處（我獲得什麼）：

影響（我失去什麼）：

□ **控制與占有**

好處（我獲得什麼）：

影響（我失去什麼）：

□ **討好與配合**

好處（我獲得什麼）：

影響（我失去什麼）：

□ **要求與挑剔**
好處（我獲得什麼）：
影響（我失去什麼）：
□ **批評與抗議**
好處（我獲得什麼）：
影響（我失去什麼）：
□ **威脅與勒索**
好處（我獲得什麼）：
影響（我失去什麼）：
□ **分享需求和感受**
好處（我獲得什麼）：
影響（我失去什麼）：

□ **其他行為**（例如：催促、猜疑、指責、比較、激動反應、抱怨、嘮叨碎念、翻白眼、諷刺、嘲笑、輕蔑、數落、攻擊等。）

好處（我獲得什麼）：

影響（我失去什麼）：

「追逐抗議者」的特徵

有時候，表現出來的行爲反應不見得很明顯或很典型，不足以幫自己或伴侶準確判斷依附位置。比如追逐抗議者可能氣到說不出話，或是氣到離家出走，這看起來像是逃避退縮者的沉默或遠離衝突，卻可能只是表象，進而誤判或錯誤理解。

接下來將更進一步探索內在感受，才能更準確地做出判斷。

若你是追逐抗議型的人，可能會對下面的形容心有戚戚焉，因爲這些形容和特徵，可能是普遍追逐抗議者都會經歷到的感受。但以下四個特徵中，其實都隱藏著他們做出這些行動的背後，沒說出口的感受。

一、渴望連結和被重視

追逐抗議者在關係中渴望彼此連結，喜歡親近伴侶，希望在關係中被重視、被愛。他們有時比較依賴對方，並期待可以待在對方身邊，對於關係的連結和互動的品質也相對重視；有時較難面對自己獨處的時刻，甚至對方不在身邊時，容易感到低落、孤單、不安，或無法做自己的事。

他們經常將生活的重心放在另一半身上，渴望與對方分享生活和喜怒哀樂，也會好奇對方的心情，更期待對方與自己分享。心情不好的時候，他們會嘗試向伴侶表達，期望對方給予支持和關心，這些回應可以讓他們感到安心，也對關係滿意。

出現衝突和不愉快時，追逐抗議者同樣會吐露自己的不舒服，並透過各種習慣的方式找回關係的安全感，以及對方還在乎自己的證明。因此，一旦發現伴侶做不到某些事或不太對勁時，就想搞清楚狀況，瞭解對方怎麼了，也會想讓對方知道自己的感受，甚至向對方發出抗議和不能接受的訊息。希望藉此感覺自己是被重視的，進而建立彼此的情感與連結。

二、害怕被拋棄和被拒絕

對追逐抗議者來說，他們對關係的變化很敏感，有著害怕被自己在乎和重視的人拋下的「內在心結」。這個敏感的內在系統，特別容易接收到拒絕、拋棄、否定的訊息。他們也容易將對方的行爲解讀成不在乎，做出可能不符合實際狀況的錯誤理解與判斷。一旦覺得自己被忽略、對方不再那麼愛自己，便是心中警鈴大作之時，深怕自己被丟下、親密不再。

因此，他們需要藉由觀察對方的反應，證明彼此的關係仍然「存在」。一方面避免擔心的情況發生，同時也避免關係失去控制。深怕一個不小心，就失去對方。然而，他們最在乎的，是可以在對方的反應中感覺到自己被穩定愛著。

追逐抗議者通常比較沒有安全感和自信心。因此，當伴侶不知道如何回應或不想回應他們的需求時，這個「被拒絕」的感受，以及過去和現在的關係變化，都將成爲刺激源，勾動追逐抗議者的敏感神經，讓他們失去自我價值感，變得沮喪或激動，並且想要重新喚起對方的重視。

三、爭取伴侶關注和回應

追逐抗議者經常覺得伴侶的愛不夠，當他們的不安開關被啓動，便會產生各種行爲反應，藉此爭取和換得自己的安全感。此時的他們，會想獲得伴侶的關注和回應，如果能即時做出回覆，通常能暫時安撫追逐抗議者的情緒；若不再能維持良好的回應品質、相當程度的關注與理解，就可能使追逐抗議者覺得關係不安全，因此使出更多行爲策略來爭取安全感。

然而，他們的需求經常很急迫，希望並需要對方馬上滿足自己。而且不只這次要實現，之後不用自己提醒的情況下，也要可以持續達成。他們期待對方主動，不需要自己提點。一旦需要提醒，就是他們已經覺得不被在乎和失望的時刻。

有時候，情緒便在此刻一發不可收拾。追逐抗議者藉由發洩出自己的不滿和痛苦，希望對方能感受到自己的心情，還想同時爭取對方的關心和照顧。可惜的是，這樣的方式經常不只對關係沒有幫助，可能還將對方推得更遠，讓彼此關係的裂縫變得越來越大。

四、過度在乎關係和伴侶的感受

追逐抗議者經常渴求「被需要」的感覺。當對方的生活裡總有自己的存在，會讓他們覺得安心，認爲這樣一來對方會習慣和需要自己。

習慣把對方的事當自己的事，甚至比自己的事還要重視。然而一旦習慣過度在乎伴侶的感受，就容易把生活重心偏移到對方身上。於是開始懷疑對方是否也重視自己的感受，如同自己也這麼在乎一樣。

在乎伴侶的感受並不是問題，而是如果過度在乎，就得在顧全關係的前提下，選擇「照顧對方」或「照顧自己的感受」。一旦需要忽略自己的感受，那委屈、犧牲、「爲何總是我在付出而你坐享漁翁之利」的感受，便會油然而生。

誰能懂得追逐抗議者的心？

若用內在需求的角度，來看待追逐抗議者沒有獲得伴侶回應和滿足的情況，可以發現他們其實很需要在關係中感受到被愛、被在乎、被關心、被重視、被懂、被接納、被認同、被支持、不被拋棄、不被拒絕、不被背叛、不被欺騙。當關係出現問題，他們害怕失去關係、難過於關係的變化、在關係中感到孤單寂寞和孤軍奮戰。

過去的經驗告訴追逐抗議者：愛不會持久，只要一不留神，感情雖然不見得像曇花，但也像兔子的尾巴長不了。如果不努力爭取，關係會這樣在眼前凋零；如果不夠警覺關係中的問題，等到發現時一切就來不及了；如果不夠留意關係中的變化，當發展到無法挽回的地步，再做什麼都無濟於事。

當伴侶的反應讓追逐抗議者覺得對方不那麼在乎關係時，他們唯一能做的，就是透過自己的努力來維繫關係。保有彼此互動的頻率，才能覺得安心、有掌控感。因此他們需要不斷在警戒狀態，提醒著自己和伴侶。

只要覺得對方不夠在乎、不夠積極主動，就好像關係中的「同盟感」不見了。因此在實務工作中會發現，主動預約諮商的，關係中的互動位置多半是屬於追逐抗議的一方，因爲他們對關係的變化較爲敏感，也比較積極主動處理關係問題。前面介紹的「追逐抗議者行爲策略」，都可能讓逃避退縮者逐漸失去耐心，不再能承擔那些追問、要求、控制、抗議、責怪、抱怨、威脅。最終發生激烈衝突時，爲了避免繼續這樣被對待，而選擇逃離關係。這也再次驗證追逐抗議者的內在心結：「我愛的人終究不會愛我，沒有人會爲了我的感受，陪在我身邊、理解我發生了什麼事。」

他們渴望關係親近，也在關係不如期待般發展時，出現不安和焦慮。因爲這些害怕的感受，會讓他們產生當下能派上用場的行爲策略，藉此幫助自己面對關係的困境和挑戰；他們嘗試溝通、想要確認關係、測試關係的穩定性，也嘗試表達和提出抗議。然而這些曾經有效的策略，卻可能在不安時出現過度掌控和激動的情緒，讓對方感到壓力和厭煩，對關係造成無比的傷害。那些無效和具有破壞性的方法，便是最傷害彼此關係的因素，也是讓他們越來越痛苦的原因。

當付出的心倦了——耗竭的追逐抗議者

相較於逃避退縮者，追逐抗議者更重視彼此的連結，也對關係的互動更加敏感，比較積極處理關係的問題或反應對關係的不滿。可是，付出久了、碎念久了也會累、會沮喪、會失望，不知道從何努力來修補關係的裂縫，或重啓彼此的甜蜜。於是，追逐抗議這一方，在兩個情境下也就容易感到灰心、失望與耗竭：一是有重大事件發生、二是長期需求被忽略。

如果關係中發生重大事件，如伴侶發生外遇，原本還想著自己也可以扮演維持關係的角色時，卻仍被背叛，可能對關係會灰心到放棄努力了。

如果需求長期被忽視，那個累了、倦了、算了的心情也會逐漸在心裡發酵。看著對方緊閉的心門，或許也讓人打算把自己的心門關上。想到自己的努力換來的是一次次傷害和心碎，得來的是一遍遍的打擊和厭煩，爲了不讓自己再心痛，唯一的辦法似乎就是也別在乎了。

當追逐抗議者重新回顧關係後覺得付出不值得，甚至會因此感到生氣與怨懟。心裡想著爲何自己對他這麼好，卻次次不被珍惜？這時候，可能就會變成失望透頂而不想再努力。而那些心灰意冷的感受、疲倦的心情，不知還能再做什麼的無奈，讓人轉變成

「逃避退縮」的那一方，在傷心痛苦中放手。不想再痛了、不想再委屈求全了，而是想開始好好照顧自己。

此時，關係的「依附位置」也就悄悄地發生了改變。

做自己的治療師：整理自己的追逐抗議模式

藉由前面的介紹，已經認識到追逐抗議者可能出現的感受及模式，但最重要的是瞭解屬於自己的追逐抗議模式是如何運作的。此刻，請帶著好奇心進行下面的活動，整理和覺察自己的狀態，找到屬於自己的追逐抗議模式，並為自己量身訂做一個可以調整的方向。

一、前面那些關於追逐抗議者的特徵，哪些部分像你？

二、觸發這些焦慮感受的事件和刺激源是什麼？（例如：對方總是忽略我的感受。）

三、當這些刺激源發生時，你會出現怎樣的感受、你會怎麼解讀這些事情，以及你會做出什麼反應？或有怎樣的反抗行為？（例如：追問、控制、討好、要求、批評、威脅、催促、猜疑、指責、比較、激動反應、抱怨、嘮叨碎念、翻白眼、諷刺、嘲笑、輕蔑、數落、攻擊等。）

四、當你出現這些感受、想法和行為時，你對自己的感受是什麼？對方對你的感受是什麼？當對方出現相對應的行為反應時，你對他的感受又是什麼？

五、你所出現的這些反應，會造成什麼影響和結果？這時候會讓你得到什麼，因此繼續沿用這個行為？又讓你錯失了什麼，感到極其折磨？

六、你會因為這些結果而有什麼感受？會再出現什麼反應嗎？

七、想像一下，你做些什麼會有助於改善這個情形？又可以做些什麼，讓對方更願意靠近？

八、對方做什麼有助於改善這個情形？你會希望對方怎麼做或怎麼幫你？

如果我是追逐抗議者，可以如何調整？

只要更認識自己，瞭解自己偏向「焦慮依附」的特質，並知道自己會因爲不安而站到「追逐抗議」的依附位置上，便有機會爲自己調整。一方面改善在關係中的孤單和不安，一方面也能爲彼此帶來新的相處方式。

接下來介紹幾個方式，幫助大家在關係中練習：

一、別讓焦慮影響你的理智與行為

當焦慮湧現，理智很容易斷線，將很難感受到伴侶還在乎自己的心情。這時候，焦慮會跳出來支配一切，你可能會嘗試用各種方式來緩解內心的焦慮。然而經常使用的方法，卻總是讓關係變得更糟。

瞭解自己這時候的各種行爲，像是威脅、討好、抱怨、指責、碎念，可能都與自己的焦慮不安有關，但這些行爲眞的有助於調整關係嗎？還是反而將對方越推越遠，讓本來還有機會改善的關係，最後由自己親手斷送？

二、允許伴侶用不同的方式處理衝突

大家會用自己習慣的方式來面對關係的問題和衝突，因此可能比較難接受對方處理關係和調節情緒的方式與自己不同。但也因爲如此，更需要避免要求對方照自己的方式來處理關係的衝突。或許對方的冷靜和逃避，會勾起你內心的不安；但使出更壓迫的方式來要求對方回應，或追著對方要答案，只會讓他們不舒服，想逃離這些掌控。

試著允許伴侶可以有自己的空間與時間，以及不同於你面對衝突時消化和處理情緒的方式。等待不好受，一直等下去也的確不是辦法，但比起拿根藤條催促對方給出回應，卻讓關係變得更糟，或許值得換個方式嘗試。

三、將耗費在伴侶身上的精力轉向自己

你可能容易將重心放在對方身上，伴侶的一舉一動都會影響到自己的心情。試著給對方自己的空間吧！兩個人是獨立的個體，別總是想要像個連體嬰一樣生活，這是不健康的關係互動方式。

找到其他生活重心，當對方無法時時刻刻都陪在自己身邊時，心情也不會因此動搖。你需要練習獨處的能力，而不是讓這個依附關係變成依賴關係，試著允許彼此都保有自己。

如果我的伴侶是追逐抗議者，該怎麼相處？

追逐抗議者害怕在關係中被遺棄，也害怕關係的狀態並非穩定持久。那些關係的變化和對自己的價值感，都可能影響他們如何看待伴侶在互動時的樣子。沉默、轉身都可能使他們焦慮，也將成為日後一步步影響關係安全感的影子。

因此，如果另一半是追逐抗議者，你可能會經常覺得被對方的焦慮給影響和苛求了，特別是當對方為了找回安全感時出現的行為反應，會讓人覺得哪來這麼多標準和要求。而且不管自己怎麼努力、怎麼設法讓另一半安心，效果好像都不好。被逼到最後只能放棄，不想再管。同時，這些努力可能也會讓自己覺得被對方給虧待了。因為不僅努力沒被看到，還被挑剔沒做好的部分。這時候，真的好難覺得他們是可愛的！

接下來介紹幾個方式，幫助大家在關係中調整適合的互動方式：

一、讓伴侶知道你會回來

有時候追逐抗議者的反應會讓人不舒服甚至是厭煩，因此你的本能反應就是遠離這些難受的情境。不管是沉默不語還是遠離現場，都可能讓對方感受到你不再像以前一樣在乎，反而勾起對方的不安與焦慮。

因此，給對方一個回應或告知，都可能緩和你們的衝突。

二、減少讓伴侶覺得被你遺棄

追逐抗議的一方有個普遍共通的感覺：害怕被遺棄，因此你的一舉一動和變化都會在對方的觀察之中。這些不一樣會讓對方感受到，儘管曾經關係美好，也都不會是恆久不變的。這個對於關係變化的焦慮，會使追逐抗議者用各種方式來確認關係，以及兩人的互動與連結。

「單打獨鬥、好像只有我在乎關係」經常是他們這時候的感受，要知道你的無所謂，經常是對方孤單、傷心的來源。記得更謹慎地處理關係的互動，避免讓另一半感覺你不在乎。當關係不如以往甜蜜，也要讓對方有機會知道，你有心一起面對這個出了狀況的關係。

三、練習看懂伴侶行為背後的依附線索

對方索求無度時，當下還要維持你的愛，是件很不容易的事。這如同服務業在應付憤怒的顧客，不能有自己的情緒還要滿足對方的需求一樣困難。

但是，如果可以看到這些行爲背後，他們的感受與想法，便有機會理解對方的痛

苦，並找到合適的角度靠近對方。瞭解和接納對方「控制不了」的狀態，也能幫助對方感受到：你願意試著懂他。

我們的愛，出了什麼錯？

在愛情裡，
你是否常在乎著對方？
好想靠近所愛的人，也想好好被愛著？
有時，卻也不得不克制自己想念的衝動。

面對關係的衝突和困境，
你總是那個挺身而出想要解決的人？
你在乎著關係，你在乎著他，

但有時，卻覺得他好像沒那麼在乎你……

1-3 我快要窒息，任何風吹草動都可能成爲壓力

探索逃避退縮者的內在狀態

瞭解了焦慮依附型／追逐抗議者的內在模式和行爲策略後，來看看經常被拿來對照，在關係中相對應的互補角色——「逃避退縮者」（就依附類型而言，也稱逃避依附者，後以逃避退縮者統稱）的內在狀態。

在一次諮商間的空檔，我坐在沙發上聽著音樂、滑著社群網站，看到一則專訪。主題是：媽媽離開了，爸爸意外離世，我不敢再愛。

心理師的通病，就是看到這類新聞都會被激起好奇心，於是我點開這則專訪。

文中的男主角是位混血大男孩尚恩，爸爸是台灣人，媽媽則是日本人。在尚恩五歲時，父母離異，媽媽拋下他回到日本，他與爸爸和奶奶同住。卻在九歲那年，父親因爲

一場意外離開人世，奶奶也因爲傷心過度，一年後跟著離開了。生命中對尙恩最重要的三個人，在五年內相繼離世，使得他需要獨立、堅強，因爲身邊沒有可以再被自己依靠的人。

這則故事讓我想到一位當事人——四十歲的牧易。他同樣因爲親密關係的問題找上我。

他還小時，正面對台灣的經濟起飛，父母把握住機會開設工廠，便因忙碌無暇兼顧孩子的成長，因此他幾乎是靠自己長大的。

對於愛情，牧易習慣自己一個人把事情做好，因爲這樣就可以不用仰賴身邊的人，也不用因爲自己最在乎的人不在身邊，覺得失落與難過。

牧易是個木訥、不善言辭的人，每次與太太發生口角時，發現自己會像個悶葫蘆一樣，很多話卡在喉嚨，就是說不出來。這時候的他感覺到太太在一旁很著急，更因爲他的不說話，熊熊升起一股無名火。

「我沒有想要讓她更生氣，但當下我就是想要靜靜，她越是在旁邊想要我回應些什麼，或是問我到底在想什麼，我就會腦袋一片空白，擠不出任何話。」

於是，他越是不說話，越讓太太摸不著頭緒。她心裡想著，自己已經這麼有耐心地希望可以瞭解先生的感受，也不想總是強壓自己的想法在對方身上，爲何他就是連一點回應都不願意給？甚至轉身離去，關進房間裡不想互動！到了隔天卻能像沒事一樣，宛若前一夜的爭執已如過眼雲煙，還上演一齣煙消雲散的戲碼！

一開始太太覺得這是牧易面對衝突的習慣，加上平時兩人的關係還不錯，太太也就選擇性地不去碰觸這個問題。覺得他想靜靜，就讓他靜靜也沒關係。

然而，這樣的互動方式隨著關係進展，不但沒有讓兩人有所改變，反而成為每次吵架都會遇到的問題。一方如熱鍋上的螞蟻，焦急地在旁邊想瞭解到底怎麼了；另一方卻不知道這時候的自己可以做些什麼，好讓對方不要繼續這樣追問。

究竟人們在親密關係互動上，為什麼會有如此不同的反應？其實我們的這些反應模式，往往和成長過程中與重要他人的關係互動有關。

如今，雙薪家庭在台灣是非常普遍的現象，常把孩子交給祖父母或保母照顧。除非父母很有自覺且願意設法騰出時間，否則經常無意中就忽略了親子相處的時間，以及孩子的成長，自然與孩子的關係會變得疏遠；而孩子也沒有機會從親子關係中，學到如何與他人建立親密的連結。於是，當這些孩子長大成人後，透過自己的摸索不斷嘗試、不斷挫折，也不斷受傷。他們不知道如何與人產生親密的連結，因為在他們的經驗裡，這是從沒有擁有過的東西。

有些父母也會傳遞出世界很危險的訊息，例如：「不要輕易相信別人，我們家現在的經濟狀況會這樣，就是被你阿姨倒會。最親近的人都會這樣了，更何況是朋友。」他們告訴孩子不要依靠任何人，因爲靠山山會倒。當他們只能靠自己，可能會沒有辦法在自己承擔不了或遇到困難時，表達出自己的狀態並尋求協助。於是面對壓力和衝突時，他們便傾向不要表達那麼多自己的需求，或是進一步尋求支持。

特別是在家中有個長期缺席的大人時，有些父母也會不斷向孩子傳遞出自己的焦慮和需求。像是爸爸因爲工作忙碌，或長期忽略家裡的事情，情緒無處宣洩又扛起家中一切負擔的媽媽，就可能將自己的苦分享給孩子。然而，孩子其實無義務成爲「情緒配偶」，來承擔媽媽的狀態。這種在家中不斷承擔他人情緒的孩子，在需要回應他人期待和需求時，有些人會過度承擔或焦慮，有些人則會感到疲憊或厭倦，進而比較重視自己的需求。「如果我都不照顧好我自己，是沒有人幫忙的，所以我一定要更在乎我自己。如果自己都不在乎，也不會有人在乎」的感受，便會烙印在他們腦中。

也有些父母在孩子分享學校生活或低落心情時，要孩子自己收拾情緒，不然就直接忽略孩子的感受；或者是因爲父母的精力，都用來照顧家中相對比較有狀況的孩子，而忽略了乖巧懂事的小孩。這些孩子可能覺得自己的反應會造成別人的麻煩與困擾，就算講出來，也不會有人眞心想理解，或願意提供關心與照顧。漸漸地，他們就會降低自己的需求，把感受往自己心裡吞。

其實這樣長大的孩子是孤單的，只是自己不見得有感受到。

逃避退縮，是種自我保護

逃避退縮者在成長過程或過去的情感關係中，可能經常覺得自己的想法和感受不被理解和接納，便進而切斷自己的感受。減少接觸，就不用面對再次被拒絕、不被接受的感覺。

聽到另一半的抱怨和不滿，會讓逃避退縮者感覺被指責，此時他們心裡的負擔和壓力難以估量。爲了不想要自己在對方眼中是這麼糟糕的人，於是阻絕這些訊息，就可以不用感覺到不滿。

在挑選另一半時，他們會希望對方有能力照顧好自己，而且不會依賴他們。同時，也不希望對方太關心自己的事情或問太多，這些都會帶給他們壓力。甚至連對方在過程中透露出一點不滿意，就會讓他們覺得被責怪、被挑剔，所以想透過遠離，來讓自己感覺輕鬆、舒服一點。

接觸自己的感覺、面對伴侶的感受，對他們而言非常不容易，覺得沒必要，甚至是痛苦的。他們希望避免過度親密引發的不自在感，更不想要生活被另一個人所影響，所以選擇築起高牆，躲進自己的空間裡。如此一來，不必面對伴侶的情緒糾纏，自己也可以在關係中感到安全。所以不管是不說話或轉身離開，都是逃避退縮者在親密關係中處理關係問題、面對伴侶情緒時，很常運用的方式。

深入探索逃避退縮者的內心，會發現他們的行爲背後其實隱含了很多用意與需求，但重點都是——自我保護。他們害怕被他人影響、干涉，而最好的方式就是保持距離以策安全，所以他們遠離對方、遠離刺激源。但其實對他們來說，逃避其實也是種保護關係的做法。他們不希望因爲爭執，讓本就岌岌可危的關係，再次經歷波折。

當這個逃避行爲發展到極端，有人可能會逃進工作中。與其回家面對不知道要說什麼的另一半，倒不如把時間與精力投入在工作之中，至少在這邊能有點成就感，伴侶也不會在身邊指責碎嘴；有人則是投入自己的嗜好裡，比如運動、植栽，希望減少兩人互動的機會，便有機會轉移衝突的點；有人可能會逃避面對這段關係中的困境，一頭鑽進另一段關係中，出現出軌、小三和外遇的情況，這可能也是社會上比較無法諒解的結果。不管逃避到哪裡，都是爲了轉移注意力到自己喜歡、能不被干擾的事物上。

暫時冷靜一下的方式並沒有不好，但這不能成爲唯一的策略，否則將會變成兩人僵化的互動模式。因爲這樣的互動只會帶來更多問題，不僅無法解決雙方的問題，還會讓另一半覺得被忽視、不被在乎。在對方眼裡，這時只會覺得：「如果你夠在乎我，就不會把我晾在一旁，不管我怎麼問，都不願給點回應，或是用很生氣的口吻推開我。」

這樣的反應，只會帶來更多的問題與不諒解，無助於關係的調整，也無法解決問題。

人都有避免自己受傷的本能，在1-2，可以看見追逐抗議者透過許多方式，來爭取內心的安全感和被在乎的感覺。接著，不妨換個角度，來探索逃避退縮者在面對伴侶關係的困境時，經常會出現怎樣的行爲策略吧！

「逃避退縮者」常見的四種行為策略

逃避退縮者在面對關係中的衝突和不愉快時，會設法避免被指責、感受到另一半對自己的不滿。他們較少表達自己的想法和感受，面對關係的問題和困境，也經常採取比較迴避、疏離的態度，期待藉由距離來避免衝突和評價，以換得關係的穩定。

更深入探索逃避退縮者的行爲，主要可能出現四種表現，包含：不依賴他人、分析說道理、沉默、拒絕和轉身離開。接下來就分別來看看，他們如何透過這些方式，找回心中的平靜。

一、不依賴他人

逃避退縮者不習慣依賴任何人，因爲在他們的世界裡，依賴是可笑又冒險的做法。「靠山山垮，靠人人倒，靠自己最好」的信念，深深印在他們心裡。因此他們一方面認爲沒有人想瞭解自己的心情和狀態，一方面也認爲就算說了，對方也不會聽得懂和理解自己。冒這個風險去依靠他人實在太累了，因此自己解決才是最好的方式。

自己一個人比較輕鬆，似乎有點距離的關係才覺得安全，但這不代表他們不喜歡親密，而是要在他們想要的時候再親近，這樣才不會受到約束和干涉。

「你爲什麼不能瞭解我的心情？不要跟那個男生/女生說話就好了啊！」伴侶提出希望逃避退縮者配合的那些做法，希望看到對方的改變才能心安，但他們聽到這些要求卻只會更心煩。

另一方面，不只要求會讓逃避退縮者煩躁，伴侶的靠近也可能讓他們感到不適。

「爲什麼你什麼都不說，這樣我怎麼知道你怎麼了？你告訴我會怎麼樣嗎？至少可以讓我知道狀況啊！」就算伴侶願意提供協助，逃避退縮者可能也不見得願意接受。

二、分析說道理、解釋、不表達情緒

逃避退縮者不喜歡在親密關係中被誤會的感覺。不同於追逐抗議者的動之以情，他們經常說之以理，希望能藉此順利改變對方。

藉由講道理、分析現況，讓對方可以不再無理取鬧，好讓自己可以休息、解決「眞的受夠了」的情緒。逃避退縮者不習慣也不喜歡接觸情緒，包含自己的或對方的，這是他們自我防衛的重點方式。

聽到伴侶提出懷疑或不滿時，會因爲不想被誤會，所以希望把事情解釋清楚。可是這時的解釋很容易被另一半視爲辯解。很多時候，這也成爲推開對方的反應。此刻對方想要的，是自己的感受有機會被承接和安撫，而不是聽著冷冰冰的解釋。

三、沉默、不自我表露

逃避退縮者在伴侶關係中經常想著：「等你自己發洩完情緒，應該就沒事了吧？」在不知道如何回應，或是照過去的經驗不回應比較好，此時站在原地就是最安全的方式。因爲越回應越糟，寧可什麼都不說；因爲若要做點什麼，被螫得滿頭包不是自找麻煩？

沉默，經常是逃避退縮者用來避免彼此發生衝突的方式。但「試試一個巴掌會不會就拍不響？」「發洩完應該就沒事了吧？」的想法卻總是事與願違，因爲越沉默，對方可能越感受到事不關己的態度，因此更容易被惹怒。

他們壓抑、不牽扯情緒、不想被否定，所以爭執開始前就想踩煞車。因爲他們早就預期不會有好結果，對方也不是眞的想聽，只是自顧自地想說服另一半接受自己的想法。

表達自己的感受和想法是需要冒險的，這太不可控也太累，所以逃避退縮者的沉默，也代表著避免可能會引發衝突的事件，並拒絕回想不愉快的經驗。

四、轉身離開

如果不趕快離開，衝突就會越來越激烈。爲了避免情況惡化的可能性變高，能做的就是讓這一切吵不起來。逃避退縮者寧可選擇安靜地離開現場，留待對方自己想通後再說。

因此，轉身離開一方面是逃避退縮者在保護自己，從另一個角度來說，也是他們用來保護關係的做法。但另一方會覺得被忽視和冷落，好像對方採取事不關己的態度，對雙方關係的問題裝聾作啞。

逃避退縮者行為策略的利弊得失

接著，可以為自己做個整理：如果你出現以下行為，可以在行為上方的空格打勾。也試著反思，這些行為的出現，會有什麼一體兩面的情況？

□ **不依賴他人**

好處（我獲得什麼）：

影響（我失去什麼）：

□ **分析說道理、解釋、不表達情緒**

好處（我獲得什麼）：

影響（我失去什麼）：

□ **沉默、不自我表露**

好處（我獲得什麼）：

影響（我失去什麼）：

□ **轉身離開**

好處（我獲得什麼）：

影響（我失去什麼）：

□ **其他行為**（例如：拒絕、否認、敷衍、忽略、生悶氣等。）

好處（我獲得什麼）：

影響（我失去什麼）：

「逃避退縮者」的特徵

如同追逐抗議者的行爲策略，逃避退縮者的行爲表象有時也不見得很清晰。但一樣可以透過內在感受和狀態，幫助你我更準確地清楚判斷，自己和伴侶是否爲逃避退縮的一方。同樣地，你可能會在某一特徵上，看到自己或另一半的影子。但以下八個特徵中，其實都隱藏著他們做出這些行動的背後，沒說出口的想法。

一、凡事靠自己

逃避退縮者不喜歡依賴他人，也期待伴侶不要太依賴自己。對方展現出太依賴、太黏膩、太需要自己的反應，都會讓逃避退縮者倍感壓力，甚至是厭煩、瞧不起，進而退避三舍。

逃避退縮者認爲，自己的情緒就要自己消化、處理，要承接對方的情緒，就如同接住從好幾層樓跳下來的伴侶，最後導致自己重傷。與其冒險靠近對方後再痛苦不堪、受傷流血，倒不如消極地維持現狀，盡可能避免面對危險，觀望另一半的情況會不會因爲時間有所改善。要是恰巧撞到遮雨棚停下來，雙方的關係危機就可以逃過一劫。

在著名影劇《甄嬛傳》裡，棋貴人爲了爭寵而假裝做惡夢，並喚人請皇上前來時，皇上說了一句話：「不舒服就請太醫，朕又不會治病。」逃避退縮者就是這樣處理另一半的情感。「自己的情緒請自己消化，我是你的另一半，不是你的情緒碎紙機。」就算剛剛雙方在吵架，這個「你的情緒與我無關」的習慣，會讓他們甩鍋甩得臉不紅氣不喘，著實讓伴侶傻眼和受傷。

二、不喜歡被影響

逃避退縮者在面對關係時，信奉的圭臬就是：盡量避免被對方影響。他們選擇與人保持距離、自己處理問題，都是因爲不想被他人影響，進而讓自己失去掌控感，儘管是伴侶也一樣。

他們有時會過度維護自己不受影響的需求，忽略了另一半的感受。不僅對伴侶經常出現的不滿或情緒反應感到厭煩，並用盡各種方式來迴避、保持情緒距離，還會選擇忽略對方的抗議行爲，對於要滿足、回應伴侶的需求，以及因不安出現的行爲也會感到煩躁。這個「獨善其身」的反應，經常讓伴侶覺得不被在乎，也覺得他們很自私。

這是因爲比起重視對方的感受、回應對方的需求，逃避退縮者更重視自己不被波及、不受影響。他們會將保護自己放在首要優先順位。

難道逃避退縮者不需要親密感嗎？其實他們不是不需要，而是往往在關係已經岌岌可危、快要結束時，才會擔心且著急地想要抓住。

面對分離，逃避退縮者也一樣脆弱。他們並非不在乎或沒感覺，也不是不需要親密關係，而是需要透過保持一點距離，來減少自己的不自在。如同鴨子划水，逃避退縮者看來沒什麼反應，面對失去時，他們內心的感受就像水下忙碌的腳ㄚ子一樣奔騰。

三、設法避免衝突

逃避退縮者討厭衝突，在可能發生衝突的時候，就會選擇避開、習慣忽視、否認或淡化問題。

衝突對他們而言，幾乎等於關係的撕裂，是沒必要且浪費時間的事情。衝突代表著要去面對另一半對自己的不滿和失望，以及對方的指責和不認同。這些都是逃避退縮者極力想要避免的情境。他們避開衝突的方式就是：不說話、表現出不耐煩、要對方閉嘴，或轉身離開讓自己眼不見爲淨、耳不聽爲清。

四、不擅長處理情緒

逃避退縮者不擅長處理自己和對方的情緒。面對自己的情緒時，他們最習慣的做法是壓抑；面對伴侶的情緒時，則習慣忽略。他們經常不解伴侶爲何在關係中出現焦慮、不安和情緒波動，覺得對方過度焦慮和情緒化，因此常常有意無意地漏接伴侶拋出來的情緒訊息，藉此避免被捲入可怕的情緒漩渦裡。

他們在衝突時可能會表達自己的想法，或爭論事件的始末並開始講道理。儘管許多逃避退縮者看起來滔滔不絕，卻會習慣性地忽略或壓抑自己的情緒和需求，更在伴侶表達出對關係的不滿或情緒激動時，冷冷地問一句：「爲什麼你有這麼多感受？」「你會不會想太多？」進而激起對方覺得「你不懂我」「你根本沒有想要懂我」。

五、不擅長感受和表達需求

因爲逃避退縮者習慣忽略自己的需求，所以他們並不熟悉該怎麼表達。出現需求時，他們一來不見得自己能覺察，二來也不會讓另一半知道。有時，他們也會否認或隔絕自己的需求。因爲一旦自己也忽略，就不會有失望或各種可能造成自己情緒波動的事情發生。

對他們而言，需要別人幫忙處理自己的心情和需求，既沒有幫助、沒有用，也會讓自己丟臉、沒面子。他們不覺得對方會理解、有意願理解，或是能提供有效的幫助。

因此，表達和溝通對逃避退縮的人來說是很沉重的負擔與壓力。他們不相信溝通會有效果，因爲過去的經驗告訴他們，就算講出了自己的想法，對方也不會買單，只會留下另一個讓對方可以攻擊、否定自己的點。「解決問題」才是他們覺得最實際的做法。

他們對關係可能有不滿，可是不習慣直接表達出來，而是透過各種間接的方法展現，比如冷漠、冷暴力、生悶氣、忽視。

六、正確解讀關係訊息的能力較弱

伴侶關係中常常隱藏著各種情感訊息，這些都是關係發展的重要元素。逃避退縮者對於關係訊息較不敏銳，有時甚至不太想解讀，因爲消化情緒太耗費能量了，容易讓他們感到疲憊。也因此，可能導致他們無法瞭解伴侶的狀態，更難正確判斷另一半的想法和感受。

但另一方面，他們卻對伴侶的批評或責怪的訊息相當敏感。當對方提出關係的問題，就會讓逃避退縮者覺得被批評。他們不想面對另一半對自己的不滿和失望，因而迴避面對問題。

七、害怕失去自我

逃避退縮者在關係中很害怕失去自我。當關係越緊密、越靠近，就會讓他們越有壓力。他們需要自己的空間來消化自己的狀態，若另一半是追逐抗議者，便可能讓他們覺得很壓迫；對方想要連結關係的舉動，也可能讓他們覺得需要配合對方或滿足對方的需求，而失去了自己的自由、時間和空間，以及個人的自主權。

逃避退縮的一方，在另一半遇到困境時，會傾向不提供協助。他們渴望不受約束。在對方看來，他們在「維護關係」和「保護自己」之間，多半傾向保護自己不被影響、不受傷害，犧牲了另一半的權益和感受。

八、逃避面對關係的問題

有些逃避退縮者甚至會在關係結束後，才開始懊惱自己沒有盡到本分，所以想念著舊愛。也可能在無形中過度美化已逝的關係，阻礙新戀情的發展。另一方面，有些逃避退縮者可能無意識地選擇了沒有未來的關係，比如成爲第三者或自己劈腿。因爲對他們來說，跟有另一半的對象交往時，可以跟對方保持適當的距離，不用無時無刻都黏在一起。但他們也可能透過劈腿，來迴避自身情感關係中的問題。

誰能懂得逃避退縮者的心？

以依附角度來看逃避退縮者的內心世界，可以發現他們討厭在關係中失去自己的空間或失去自己，也渴望不遭受批評、不被要求，更不想感受到對方對自己的不滿和限制。

逃避退縮者在關係出現問題時，會覺得回應對方的需求和情緒既麻煩又費力，如果忍一時風平後，浪就可以靜，便會省下許多麻煩。

對他們而言，與人太親近不僅有壓力，甚至有危險，因爲對方好像會一直影響自己，使他們的生活失去選擇權和掌控權，生活也就從此失控。

有時，他們則會因爲感覺缺乏空間或不斷被踩線而倍感壓力。與其遠離自己和照顧對方感受，他們往往選擇照顧「自己的感受」。因爲對他們來說，依靠別人、相信別人，反而很容易讓自己受傷。唯一能掌控的，就是離這些可能的危險遠一點，避免自己受傷、受影響。

同時，表達感受、坦露自我，也會讓他們覺得危險，因爲這可能成爲對方傷害自己的籌碼，之後吵架就拿這些東西來攻擊自己。

在他們的經驗中，回應伴侶的需求，對方永遠不會滿意，只會嫌棄、抱怨自己什麼都做不好。就這樣，他們失去了對自我價值的認可。一旦伴侶的反應讓逃避退縮者有所壓力與煩躁時，他們就會想要遠離關係，藉此降低互動的緊密度，避免自己不斷面對批評指責。與其做得半死又被嫌得半死，大不了什麼都不要做、什麼都不要給，就不會出現永遠給得不夠的感覺。

逃得了一時，卻放任關係地基侵蝕

若是處在逃避退縮的依附位置上，就會容易用消極的方式來處理關係問題，好讓自己獲得喘息的空間。正因爲這些方法可以即時獲得效果，也不用面對難以負擔和處理的情緒與需求，所以逃避退縮者便會沿用這些曾經有效的方法。

然而，這些方式或許可以降低雙方的衝突或避開戰火，卻無法解決關係中的問題，更無法改善彼此的情感連結。

彼此沒有衝突，並不代表親密。這些行爲策略無法讓人體會到愛，而是一直用自己的方式迴避情感的連結與交流。當逃避退縮者拖延著不面對關係問題，只會讓彼此越來越不安和失望，產生更大的壓力。

這些策略讓逃避退縮者得以生存，卻也會對關係帶來許多負向，甚至是不可挽回的影響。慢慢地，大家都會知道不是迴避衝突，對方就會比較好受。這樣的逃避習慣，可能讓逃避退縮者看起來冷漠且毫無同理心，也可能會讓對方覺得他們不是眞心想要調整相處方式，更沒有想要爲關係努力。

當忍耐到極限——被逼到牆角的逃避退縮者

逃避退縮者不喜歡不斷被催促和逼迫，容易在關係中自我保護，並透過隔絕、保持距離的方式面對關係問題。可是，有時一味地忍讓和退縮，反而會面臨更具力道的指責批評。此時，就容易出現反彈。這通常會發生在兩個情境中：覺得自己被逼到牆角、想挽回心累的伴侶。

當關係的衝突不斷，被逼到牆角的逃避退縮者就會覺得受夠了，心裡想著：不更激烈一點表態和警告，讓伴侶知道不能這麼煩人，對方就不會停下對自己的指責或壓迫。忍耐好像沒有盡頭，換來的只有對方的得寸進尺。

「你鬧夠了沒有？」「你有完沒完啊！」這些是吵架時經常聽到逃避退縮者說的話。其實他們並不是沒有情緒，而是經常忽略、無視自己或伴侶的情緒，好讓自己的生活簡單一點、容易掌控一點。

因此，逃避退縮者經常在情緒累積到一個程度後，突然大爆發式地反擊，就像被逼到牆角時保護自己的反應。那就像在說：「夠了，不要再逼我了！」情緒激動到甚至是失控的情形，就可能在這種時候出現。情緒暴力、言語暴力、肢體暴力等各種在親密關係中可能看到的暴力行為，也可能在這個時機點表現出來。

當發現另一半真的累了、失望了、想離開了，逃避退縮者也會改變互動的位置。此時，他們開始意識到情況不對，所以想要挽回對方。

做自己的治療師：整理自己的逃避退縮模式

瞭解了逃避退縮者習慣用來面對感情的方式，可能會讓你想起一些自己的模式和習慣，或是覺得好像在誰身上看到這些似曾相似的影子。接下來，讓我們整理一下屬於自己的部分，藉此找到更貼近自己的狀態，並做更深入、更貼近真實情況的探索。

一、前面那些關於逃避退縮者的特徵，哪些部分像你？

二、觸發這些讓你想迴避的事件和刺激源是什麼？（例如：對方總想干涉我的決定或經常表達嫌棄和不滿）

三、當這些刺激源發生時，你會出現怎樣的感受、你會怎麼解讀這些事情，以及你會做出什麼反應？或有怎樣的反抗行為？（例如：逃避、忽略、解釋、拒絕、否認、敷衍、忽略、生悶氣、轉移注意力、冷眼旁觀、放空等）

四、當你出現這些感受、想法和行為時，你對自己的感受是什麼？對方對你的感受是什麼？當對方出現相對應的行為反應時，你對他的感受又是什麼？

五、你所出現的這些反應，會造成什麼影響和結果？這時候會讓你得到什麼，因此繼續沿用這個行為？又讓你錯失了什麼，感到極其折磨？

六、你會因為這些結果而有什麼感受？會再出現什麼反應嗎？

七、想像一下，你做些什麼會有助於改善這個情形？又可以做些什麼，讓對方更願意停下追的動作？

八、對方做什麼有助於改善這情形？你會希望對方怎麼做或怎麼幫你？

如果我是逃避退縮者，可以如何調整？

透過前面的介紹，或許已經更瞭解自己的「逃避依附」特質，和「逃避退縮」行爲反應。藉此，我們可以試著調整自己的狀態，來面對關係的困境，並爲關係帶來不一樣的機會。

一、試著接觸自己的情緒與感受

一旦習慣隔絕自己的情感，會對現實狀況失去準確的判斷。既可能忽略對方的感受，也可能忽略自己正承受著龐大的壓力和焦慮不安。你並非眞的不需要親密，而是內在充滿矛盾，也很少接觸自己的感受和需求。

面對情緒是個很沉重的負擔，但情緒經常帶有一些線索，可以從那些難過、生氣、沮喪、挫折、委屈、無力感中，瞭解自己在關係中的狀態。從這些情緒線索中，也更有機會認識自己後續的行爲反應，到底出於什麼因素而產生。

二、嘗試理解伴侶的感受

你選擇講道理、沉默或置之不理時，都是保護自己、恢復平靜的模式。然而，這些模式卻經常成爲一把把利劍，在對方心上劃出一道道傷口。需要謹記在心的是，「只顧好自己」這個讓自己比較舒服的方式，其實可能在犧牲和忽略對方的感受。

因此，試著理解伴侶跟自己互動時的感受，練習正確解讀關係中的訊息，不總是覺得對方在找麻煩、批評；也試著理解他們的反應，可能是對關係出現不安全感。

三、給予對方一點訊息，避免表現得事不關己或想息事寧人

冷漠的態度，正是另一半無法耐住性子、冷靜互動的主因。在爭執的時候，請給予對方一點訊息，例如：「我現在不想跟你說話，因爲我自己已經快爆炸了。」「我不想跟你吵架，這樣的溝通方式只會讓情況更糟，讓我冷靜一下。」

特別是在雙方還沒有激動到無法講話之前先踩煞車，讓對方知道自己的感受，以及想要暫停衝突的原因，也能讓關係不會變得更惡劣。

四、主動表達關心

對大多數人來說，要在發生衝突和不愉快的當下向對方伸手表達關心和同理，並不是件容易的事。特別是逃避退縮者習慣自己處理感受，所以也會這樣期待對方。他們覺得這一切沒什麼大不了，也覺得對方的反應不需要這麼激烈。

然而，主動表達關心會讓對方感覺自己被在乎著。在依附系統被啓動時，這是對方很在乎的線索，也可以幫助他們找回內心的安全感。

五、辨認自己的疏離策略

在衝突時，可能會因爲各種考量或習慣，選擇避免互動或自己消化心情。不要只想

著推開對方和逃避問題，試著辨識自己的疏離策略，以及這些策略想幫自己什麼忙，又影響到關係中的哪些層面。

一旦能夠覺察到自己正在往逃避退縮的依附位置前進，就能幫助自己看清關係中的問題，也能明白另一半因自己的行動而覺得不適。

如果我的伴侶是逃避退縮者，該怎麼相處？

逃避退縮者害怕在關係中失去自主性，更不喜歡另一半不斷想要干涉自己。雖然他們習慣自己處理情緒，又往往偏向只選擇照顧「自己的感受」，因此可能會讓人覺得冷漠、缺乏同理心、不願溝通，甚至是自私。

因此，如果另一半是逃避退縮者，可能經常覺得關係有點疏離、感受不到連結，或是對方並不真心在乎自己、不關心兩人的互動。雖然表面上看起來沒有波動，可能無從得知對方在想什麼，但他們心裡的小劇場是一直不斷上演糾結戲碼的。

接下來將介紹幾個方式，幫助大家在關係中練習與逃避退縮者相處：

一、給伴侶一點點空間和時間

當伴侶是逃避退縮者，請記得一件很重要的事——他們很不喜歡被束縛、被要求。那些緊迫盯人的反應，都會讓他們感受到壓力、覺得厭煩。爲了迴避這些討厭的感覺，他們最終寧可跟你保持距離。因此，不要太執著於當下就要把事情處理好，或要求對方給出回應，也不要在對方表示需要一點時間沉澱心情，仍三不五時就要確認對方的狀態。

試著降低著急和焦慮對關係的影響，並同時練習觀察什麼情境，會超過伴侶的認知和情緒負荷，進入當機或想迴避的狀態。

二、嘗試用較和緩的方式，讓伴侶瞭解你心裡的不安和害怕

跟逃避退縮者相處時，他們那些行爲和反應，經常會讓你不安與害怕。心想：不說話到底代表什麼意思？是已經不在乎我了？已經覺得我一點都不重要，不需要安撫了？已經不在乎兩人的關係了？還是已經有其他人了？

在這樣的情況下，當然會想確認現在是什麼情況，甚至緊抓著他們要把事情講清楚，或要求他們給出一個答案。然而，很遺憾的是，這樣的做法反而會讓彼此關係變得緊張且更充滿危機。

因此，請試著挑選時機，並用比較和緩的方式，像是：平靜地敘述你的心情來讓逃避退縮者瞭解你的感受、發問後不急著追討答案。

三、瞭解伴侶的行為策略，以及自己的焦慮帶給對方的反應

試著理解對方的迴避與沉默是一種用來處理關係問題的方式。對他們來說，這樣的反應比講出衝突和破壞性的語言，帶給你的傷害更少也更安全。

同時，你也有機會看見自己焦慮時會出現什麼行爲，進而觸發他們的行爲模式。如此一來，更可能減少變成導火線的關鍵行爲，雙方陷入重複互動模式的可能性變得更低，影響也更小。

我們的愛，出了什麼錯？

在愛情裡，
你是否會需要一點自己的空間和時間？
不喜歡另一半管太多、要求太多？

發生衝突的時候，你的沉默和離開，
有時是不曉得怎麼面對關係的衝突，
有時是用來喘息和消化的方式，
有時則是留給關係最後一點溫柔。

但有時，你的另一半卻好像不見得懂……

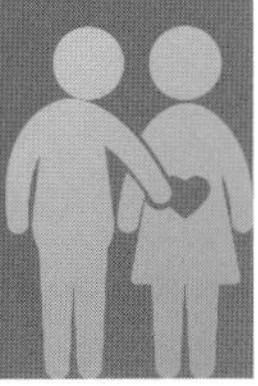

CHAPTER 2

惡性循環如何
逐漸侵蝕我們的關係？

接下來，我們將透過四段故事瞭解當關係出現追逃的互動模式時，不同情境的兩人互動，會如何形成僵化的惡性循環。其中包含交往中的伴侶、準備進入婚姻的伴侶、面對婆媳相處和教養議題的夫妻，以及遭遇外遇衝擊的婚姻。

每段故事將會分成四個階段，依序探索和整理關係的互動模式：

第一階段是故事背景，以及兩人來諮商時卡在惡性循環中的樣貌。藉由諮商室裡的對話呈現，可以看到這些惡性循環如何帶動兩人的衝突。

第二階段藉由文字和表格，帶領大家從心理師的視角，剖析這段關係的惡性循環，以及最終的結果。

第三階段則要靜下來與自身連結，關注自己是否遇過類似的場景和互動。

第四階段則是帶大家找到重要關鍵，幫助自己脫離惡性循環。

2-1 關係中的惡性循環

在這一章裡，將一起拼湊1-2和1-3的內容，把關於互動位置中的「追逐抗議方」和「逃避退縮方」訊息組合在一起，形成一個完整的互動樣貌。你可能會意外地發現，當這兩塊拼圖結合後，出現在眼前的關係互動模式怎麼好像似曾相識，甚至自己就正卡在這個循環之中。

當「追—逃」的互動循環形成

美惠在男友秦昊換工作並搬到台北後，兩人同居至今已邁入第三個年頭。跟男友一年一度的年底冬季旅遊，是美惠總是很期待的事情，不過唯一讓她有點介意的，是出遊的行程總是自己在規畫。今年由於美惠剛換到管理職，因此半年前她就問能不能麻煩秦昊規畫今年的旅程，秦昊一口答應了。

時光飛逝，一直到十月，秦昊都沒有跟美惠提起旅遊的事情。由於美惠知道男友不喜歡別人催促，她便忍著著急的心，想說再等等看。結果一直到十一月中還是沒有聽到計畫，才終於忍不住問了對方，卻得到一句：「哦！對吼！我最近比較忙，忘記了！」然後轉身進浴室洗澡。

累積已久的不滿瞬間爆發，美惠坐在沙發上，雙手插在胸口，然後男友從浴室出來時，她說：「什麼叫忘記了？那現在怎麼辦？」

「我就忘記了啊！我最近也比較忙，要不然我們明年年初再去玩好了！」

「到底什麼叫忘記？請問一下這是什麼理由？你不覺得很好笑嗎？」

「我就眞的最近比較忙，不然妳想怎麼辦？現在可能也訂不到好飯店了。」

「你都不用說些什麼嗎？我們一年就出去玩這一次，你年中也答應我這件事交給你處理，然後現在一句『忘記了』就沒了？」

「好啦！對不起嘛！這有什麼好生氣成這樣的啦！而且我們今年因爲公司有賺錢，年底老闆也已經規畫要辦員工旅遊。」

「什麼叫爲什麼要生氣？是誰做錯事啊！然後你最近是怎樣？公司有旅遊你也不用事先跟我說一下？上次加你IG那個新同事叫什麼？Gina 嗎？她也會去嗎？」

「這跟那有什麼關係啊！她也是員工，當然會一起去啊！」

「OK！所以你會跟她去玩，就可以忘記我們的約？」

「妳有完沒完？這根本是兩件事！算了，我不想跟妳吵了，煩死了！」

秦昊於是轉身進房，大力關上門，留下錯愕的美惠。

透過這段介紹，能判斷得出誰在這段關係是「追逐抗議」的那個人？誰又是「逃避退縮」的一方嗎？

在這個故事裡，美惠是比較能表達自己的不滿並抗議的一方。她會表達，是因爲覺得關係的連結出現問題，所以想確認發生什麼事情，也想藉此讓男友知道自己不太舒服，期望換得對方的安撫、安慰；另一方面，秦昊則是不太講自己的感受。事情發生時，爲了避免衝突，他一面解釋情況，一面在女友不滿時道歉了事。最後發現無法安撫女友、不理解對方爲何生這麼大的氣，於是選擇離開現場，讓雙方的衝突停在這邊。

因此，美惠在這段關係中屬於追逐抗議的一方，秦昊則屬於逃避退縮的一方。

如果還不太清楚也沒有關係，可以藉由下一頁的表格整理和複習一下。

試著跳脫美惠跟秦昊的例子，整理當伴侶關係出現這樣「一追一逃」的互動循環時，一般可能會出現怎樣的情況：

▶▶▶ 追逐抗議者與逃避退縮者的特徵

逃避退縮者	追逐抗議者	特徵	
保持沉默、忍耐、理性分析、解決問題	表達抗議和不滿，同時要求對方做出回應	衝突當下	行為反應
不主動提起，船過水無痕不尋求改變，假裝沒事發生	嘗試修復關係，希望找對方把事情和感受講清楚、訴苦、抱怨指責	衝突後的處理	
避免衝突：衝突會引起關係的破壞，寧可不說話來避免麻煩	維持連結：透過這些行為感受到關係的存在、希望獲得回應	意圖	認知
覺得自己的情況和解釋不被理解和被指責	覺得自己不被對方在乎，剩下自己為了關係孤軍奮戰	解讀	
對自己的感受較陌生	較能感受自己的心情	覺察	情緒
不擅長表達自己的心情與需求，隱藏感受	用指責或激動的方式表達感受	表達	
希望有自己的空間，保持距離、和平相處	希望對方安撫自己、關係可以更好	期待	內在狀態
較常渴望被理解、被肯定、被感謝、被信任	較常渴望被愛、被在乎、被重視、不被拒絕	內在需求	

還記得會喚起依附系統、產生衝突的三大關係刺激源嗎？也就是**關係出現變化、關係的不確定性增加、關係受到威脅**的時候。

此時，因爲關係出現狀況，追逐抗議者會感到不安、著急，因此更想搞清楚情況；越想問出個所以然，逃避退縮者就會越不耐煩、越不知道怎麼回應比較好。接著追的一方會覺得對方不在乎了、變心了、不再愛了，所以不安感上升；他們越是心慌意亂，就越想確認關係、越想找回過去的感覺，而逃的一方也就越累、越煩、越覺得沒完沒了。因爲不管怎麼解釋和說明，都無法讓對方安心，就不再回應，反正不管怎麼做都是錯的。但是，這只印證了追逐抗議方的感受：「你看！你就是不愛我！果然如我所料！」然後追的一方越來越生氣、越來越失望，讓逃的一方覺得越來越無理取鬧。如此不間斷地、無止盡地重複下去。

最終，這個互動可能會變得僵化、無法解開，最後變成**「惡性循環」**。好消息是，這個惡性循環可以透過自我覺察、與對方討論，或專業的協助來化解；壞消息是，如果沒有解開這個循環，它便可能一直影響著關係，直到最終一方受不了離開後，循環才會眞的停止。更可怕的是，它也不像惡性腫瘤般隨著死亡而消失，就算這段關係結束了，它也可能跟到下一段關係，無止盡地在每段關係中重複出現。

惡性循環的成因：透過依附行為找回安全感

當關係出現變化和不確定性時，會喚起人們內在的依附系統，並且如同警鈴響起般，訴說關係中有哪些**「依附需求」**（attachment needs）出現匱乏。所謂依附需求，是內在需求的一種，特別指人們渴望在親密對象身上——可能是父母、伴侶，也可能是生命中重要的人——獲得安全感。**當這些依附需求無法在關係中獲得滿足，便會迫使人們透過各種行為和反應來爭取，進而出現「依附行為」**。

美惠希望在關係中被記得、被在乎、有人可以依靠；秦昊則渴望能被理解、不會被指責。如果這些需求沒有獲得滿足，就會透過依附行爲來進一步達到目標。

美惠表達自己的不滿，詢問對方爲何會忘記這件重要的事情。看似僅僅忘記安排行程，對美惠來說則是感受不到秦昊在關係中的用心，也不記得兩個人重要的聚會，更沒有辦法將重要的事情交給男友幫忙；秦昊轉移話題、避免討論自己忘記規畫行程，是他知道女友會不開心，卻又不想面對可能出現的衝突，他不想被女友責罵，卻也希望對方可以理解自己是因爲太忙，而不是故意忘記。

簡單來說，「依附行爲」就是希望找回安全狀態而做出的行爲。對追逐抗議者來說，他們想要找回能讓自己安心的對象；對逃避退縮者來說，他們想要回到讓自己安心的距離。當「依附需求」沒有獲得滿足，這些看似在處理問題，實則破壞關係的行爲就會一直持續下去。

與主要照顧者的互動，產生了「分岔路」

如同上一章提到的，依附可分成好幾種類型，但又是什麼因素造成如此不同的差異呢？

嬰兒時期，父母或主要照顧者夠關愛，就會提供較爲穩定的關心、陪伴和情感連結，孩子也能更有信心地向外探索這個充滿未知的世界，因而發展出安全的依附關係。

安全的依附關係中，強調三個互動的要素：**可親性**（accessibility）、**回應性**

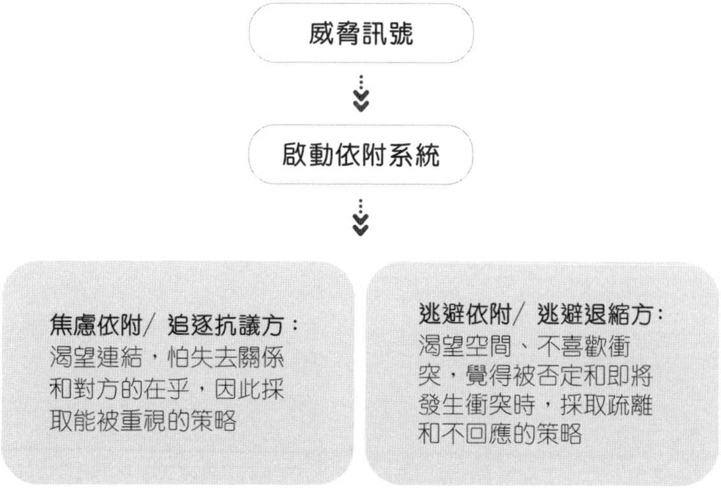
威脅訊號
啟動依附系統
焦慮依附/ 追逐抗議方：
渴望連結，怕失去關係和對方的在乎，因此採取能被重視的策略
逃避依附/ 逃避退縮方：
渴望空間、不喜歡衝突，覺得被否定和即將發生衝突時，採取疏離和不回應的策略

（responsiveness）和**投入度**（engagement）。

一、可親性：能找得到你嗎？

心情不好的時候，能不能向你尋求協助、能不能靠近你，而不是感覺被推開？

二、回應性：能感受到你嗎？

需要你的時候，能不能感受到彼此有連結、能不能被安慰與照顧？還是有事找你時，你經常忽略我？

三、投入度：你會珍惜我、陪伴在我旁邊嗎？

能否感受到你願意花時間與我相處？是不是可以看到你的重視、專注與用心？

安全依附的孩子，往往是主要照顧者在其有需要時，能夠適當地給予回應，並願意和孩子互動，更同時展現出專注和重視，讓孩子知道：「我在這邊。」孩子會知道，遇到挫折和挑戰並找照顧者求助時，不會先被數落一番「這麼簡單，爲什麼沒辦法做好」，也不會被不耐煩地推開，或被要求自己想辦法解決。同時，照顧者的回應是**穩定且可以預測**的，不會因爲心情和狀態而變化無常。

安全感便在成長過程中逐漸鞏固。

然而，當照顧者的可親性和回應性**不穩定且不可預測**時，像是心情不好就消失、孩子表現太差就轉身不管，這時因爲孩子無法掌握結果，隨時處在被拒絕或受傷的焦慮中，就可能形成「焦慮依附」；另一方面，若照顧者**難以靠近且缺乏回應和關愛**，經常不在孩子身邊或對孩子的需求沒有反應，就可能使孩子習慣避免期待，覺得他人不可依靠，也不覺得自己需要被照顧，習慣靠自己解決問題和滿足需求，因而形成「逃避依附」。

因此，成長過程中未獲得足夠的安全感和關愛，或是這些關心和回應不穩定又難以預測，甚至是遭到過度的限制、掌控、忽略、剝奪，都有可能發展出不安全的依附狀態。

然而，並不是哪種家庭就一定會養成哪種依附類型的孩子。過度控制的家庭，有可能讓孩子因爲不喜歡窒息的親子關係而變得迴避親密感，卻也可能讓孩子在關係中顯得過度焦慮。因此，家庭的互動模式不會與依附類型有單一的因果關係，在臨床工作上也的確發現不是如此。

不過，不安全依附孩子們的父母，通常可能因爲自身的憂鬱與忙碌、有權威感、易怒、容易遷怒等內外在影響，也比較不容易親近。另一方面，父母可能在孩子遇到困難和挑戰時，出現「那是你自己的事，你自己處理。」「你好煩，這點小事不要吵我！」

的態度，便會讓孩子覺得自己有需要時，父母沒辦法展現出陪伴和協助的意願。

對未知世界的恐懼、照顧者不穩定的形象，都可能讓孩子難以對重要關係產生安全感，也會造成他們的恐慌、不願離開去探索世界，進而需要黏著照顧者。那個未知並非新鮮感，也無法引發好奇心，而是一種恐懼和失控的感覺；他們也可能懷疑他人是否重視自己的需求和求助，或是總在家裡承擔他人的情緒而被迫「成熟」，因此變得更加迴避關係的親近，遇到困難時也總是想辦法自己解決或先顧好自己。對這些孩子而言，由於求助沒有得到適當的回應，便逐漸對關係感到失望，也覺得身邊的人和世界不可信任、不可依靠，最後發展出「那我自己來好了」的反應，就算自己無法解決問題，也不想再冒險踏出那一步，讓自己經歷可能再一次的失望。

關係中的互動，會影響一個人的自我價值和對他人的信任感。

從孩童時期開始，我們透過與主要照顧者的互動，逐漸形成穩固的**「依附型態」**，同時也會逐漸形成「看待自己」「看待他人及世界」的眼光，這也就是被心理學家稱之爲**「內在運作模式」**（internal working model）的概念。

想像一下，若拿著九十五分的考卷跟父母分享自己的開心和成就感，卻被潑了一身冷水：「你明明可以拿一百分，爲什麼這麼粗心被扣五分？」或是回家跟父母訴說在學校被老師罵，很傷心的時候卻被父母指責：「一定是你做了什麼事情，老師才會罵你啊，有什麼好難過和傷心的？」

如果這樣的情況反覆多次，便會形成一套對自己的看法：「我不夠好，因爲當我滿意自己的表現和成果時，依舊無法被認可和讚美。」同時，這也會形成一套對他人、對世界的看法：「不管我怎麼做，都不會讓人滿意；不管我怎麼努力，都還是會被批評跟指責，讓我滿身都是傷。」

如果要將「內在運作模式」形容得更具體一點，這就像是一副將陪伴自己一輩子的隱形眼鏡。這副眼鏡會讓人逐漸無法相信自己是有價值的，也無法相信跟別人分享自己的感受時，對方仍會願意瞭解和支持自己。這樣的「依附型態」和「內在運作模式」形成後，便會一輩子跟隨，並在親密關係中扮演相當重要的角色，用來理解自己、解讀對方。

由此可知，父母的教養態度、可親性、回應性及投入度，會大大影響依附的樣貌，更因此出現很大的個別差異！父母對待孩子的方式，會產生安全與不安全的依附關係，也跟著他們成年，形成對待伴侶關係、對待下一代的方式，這個依附模式就這樣代代相傳下去。

可親性、回應性和投入度這三個要素，是伴侶關係可以維持穩定的重要條件。若還希望彼此之間有親密感，就更需要經常在關係中滿足這三個要素。但不必總是回好回滿，因爲人總是有限制的，關係越好，越可以容忍這些要素有時候沒有獲得滿足。

但是當這三個要素經常沒有被滿足，就會啓動依附系統，引發依附焦慮和恐懼，若是又遇上前面提到造成關係不安的三大情境，便會讓安全感儲蓄已經見底的關係狀態更雪上加霜。若依附系統在關係中不斷被啓動，將會深深影響一個人的心理健康。

惡性循環之所以形成，往往來自於關係中的雙方為了重新獲得掌控感和安全感，導致一方過度追趕、另一方不願表達的結果。

幫助自己瞭解哪種情境會感受到這些威脅訊號、啓動依附系統，導致原始的依附模式出現，便能夠發現自己爲了滿足需求而出現的行爲，減緩惡性循環的影響。

惡性循環造成的困境

不妨再借用一下美惠和秦昊這段伴侶的互動（見下頁表格）。儘管這次度過危機，找到彼此可以接受的方法來處理年度旅遊的行程，下次只要秦昊忘記美惠交代洗衣機的衣服要拿出來晾而被多唸了一句，或秦昊因爲美惠的不斷追問、過度質疑或抱怨而不說話、生悶氣，是否會再重現一樣的情況？

當雙方的關係從原本良好的互動模式，最終形成惡性循環時，便會讓兩人都在關係

▶▶▶ 美惠和秦昊的互動模式

美惠	∞	秦昊
追問、要求、指責、抱怨	**行為反應**	擺臉色、離開、不說話、冷漠
尋求連結、被好好對待	**行為意圖**	渴望空間、減少衝突和迴避他人對自己的失望與不滿
他總是逃避問題和忽略我的感受	**對伴侶行為的解讀**	她牽扯其他事情來找我麻煩
焦慮不安、孤單、害怕、難過、失望	**情緒**	煩躁、無力、無奈、委屈、絕望、痛苦
不被在乎、不被重視	**內在需求**	不被理解、不被責怪

中感到難受。此時一旦出現刺激源，便可能讓雙方再次陷入痛苦。

這些在關係中出現的狀況，可能帶來相對應的影響。回頭看看你我過往的關係，便會發現不斷重複出現的惡性循環。藉由在關係中出現的情緒、認知想法、依附行爲、內在需求和行爲目的等角度，可以解析關係出現什麼情況，以及這樣的惡性循環如何爲關係帶來影響和傷害。

以下幾種情況，就是常常因關係的惡性循環而出現的困境：

一、感情的不斷挫敗

有時候會覺得，雖然對象不同，卻在不同時期的感情裡，反覆和伴侶間出現相似的模式。就算知道繼續這樣下去，關係會越變越糟，但就如同掉進漩渦般不斷旋轉，無法停止。有的人甚至會發現，自己的關係都因爲同一個模式引發衝突，讓自己和對方都很痛苦。想做點什麼來突破困境，調整和改善關係，卻因爲這些本質相同的方法讓情況變得更糟。重複發生的情感模式，導致即使關係不同，卻一再複製相似的循環。

二、關係的誤會

沒有人是彼此肚子裡的蛔蟲，更沒有人具備讀心術的特殊能力，當互動僅停留在表層行爲和感受，將導致感情經常存在許多誤會。若是因爲關係中的惡性循環，使你用自己的理解來看待和推測對方的行爲，便可能讓惡循環卡得更緊。

例如：過去對方叫你的名字時，就是要指責你哪裡做得不如他意。今天對方可能因爲需要幫忙而叫了你的名字，卻讓你想起那些不舒服的經驗，所以你就很大聲地回：「又怎麼了？」

心裡賭氣不想再說，更覺得說了對方也不會理解。最讓人心酸、心寒的是，覺得說了對方也不會在乎。於是這樣的誤會就在兩人的關係中越刻越深，最終影響彼此用較柔軟或溫和的一面向對方靠近的意願。

三、彼此無法讓步

有時候我們會爲了堅持自己的決定或價值觀，與伴侶出現大大小小的爭論，誰也不讓誰。常常吵的並不是誰對誰錯，而是對方有沒有感受、理解自己的本意和心情，進而陷入沒有人願意退讓的拉扯中。

爭執的過程中覺得被拒絕、被指責，只會更加深伴侶不願妥協的困境，把對方視爲無理取鬧、失去理智、固執己見、難以溝通的人物。一旦踩穩自己的立場，覺得對方莫名其妙，便難以做任何動作去瞭解對方或保持溫和的態度互動。

四、難以理解對方的做法和感受

有時候會覺得對方好像故意惹自己不開心，明明知道不喜歡有人在耳邊嘮叨，卻總是唸個不停；又有的時候永遠不曉得對方到底怎麼想，明明衝突後想瞭解對方的想法和感覺，卻得到一句「事情過去就算了」的回應。

惡性循環使雙方都可能處在一個攻擊、防備的狀態中，影響彼此理解的機會，也就無法眞實體會對方的感受。

接下來，將透過四個故事，解析惡性循環對關係帶來的影響。這四個故事分別代表關係中的不同階段和常見的衝突主題，也分別呈現幾個在惡性循環中需要理解的概念：其中包含交往中的情侶、準備進入婚姻的伴侶、面對婆媳相處和教養議題的夫妻，以及遭遇外遇衝擊的婚姻。

邀請你選擇跟自己目前關係狀態比較接近的故事開始閱讀，將會更有共鳴和感觸；你也可以如同闖關般依序讀完四個故事，如此一來，對惡性循環的認識將會更完整。

2-2 我最難過的，是只剩我在努力

——我們的關係變了

階段一：陷入惡性循環的伴侶

亮浩與芸湘與我見面時已經交往三年。兩人一開始是遠距離戀愛，由於彼此皆有共識，接下來想要一起生活，於是交往一年後，芸湘便帶著對未來生活的憧憬，辭去在南部的工作，選擇「北漂」。

芸湘告訴我，在關係初期她眞的很有被亮浩愛著、呵護著的感覺，否則不會辭去工作、遠離家人隻身來到台北開啓新的生活篇章。然而，就在這樣和諧、甜蜜的關係持續兩年多後，最近半年，芸湘開始經常聽到亮浩說需要臨時加班，也常因業務需要跟主管到外縣市拜訪客戶，而取消兩人預計要出遊的計畫。

最初，芸湘試著理解亮浩的工作性質，雖然有時候會因為兩人的相處時間經常被影響而覺得煩悶和沮喪，但她不想給男友壓力，所以往往不會表現出來。再加上亮浩總能安慰芸湘並在事後補償，所以也就沒有太大的衝突。

可是亮浩的工作開始變得越來越忙碌，不見得可以回應女友的需求或相處的期待，有時候忙完回家也不想講話，打開手遊一玩就是兩、三個小時。慢慢地，這些不愉快逐漸演變成嚴重的爭執。

於是，芸湘開始表達不滿：「你要不是在工作，就是在做自己的事，你有把我們兩人的相處當一回事嗎？」芸湘在諮商中抱怨著。

我瞥了亮浩一眼，看見他面露不耐煩的神情。「這個相處的品質和方式，讓妳對他相當不滿。」我先安撫芸湘，然後轉頭關心亮浩，「好像你聽到女友這樣說，會讓你不太舒服，是嗎？」

「我知道她經常跟我說，現在的生活不是她搬來台北時想要的樣子；我也知道，有時候我工作忙碌沒辦法顧到她。這都是她一再提到的事情，每次聽到她講這些，我就很煩。」亮浩表情不悅地回應著。

「什麼很煩啊！你工作忙，我有不體諒你嗎？可是你摸著自己的良心，你有認眞在我們的關係上嗎？這次諮商若不是我要求你跟著過來，你真的都不覺得我們的關係變得很不一樣嗎？」

「我不覺得有什麼問題。我就是過一樣的生活，只是有時候比較累不太想說話而已。」

「你不覺得有問題就是最大的問題！」

兩人都把手交叉放在胸前，我可以感覺整間諮商室裡兩人的呼吸聲變得急促。

「我們在這邊稍微等等。這就是你們經常吵架的樣子嗎？」觀察他們一來一往地吵著之後，我問道。

「我不想吵架。」亮浩坐在一旁淡淡地說了一句。

「我聽到你的語氣中充滿無奈。」

亮浩停頓了幾秒後接著說：「我真的不想吵架，我知道自己忙起來的時候就會一副生人勿近的臉，也知道我最近的確沒放什麼心思在經營關係，可是每次聽到她抱怨這些事，我難道就好受嗎？」

「我瞭解，這也不是你想要的關係樣貌。」我接著對他們說，「我想這其實都不是你們想要的關係樣貌，可是現在無論相處的品質也好，相處的感受也罷，都讓你們對於這段關係接下來要怎麼走下去很沮喪、也很迷惘。不只芸湘覺得最近的關係比以前差很多，也不是理想和期待的樣子；對亮浩而言，現在關係中的衝突、女友經常表達的不滿與抱怨，也讓你很不是滋味。」

他們兩人都坐在沙發上對我點了點頭。

我發現諮商室裡劍拔弩張的氣氛稍微緩和了一些。正如他們身後的那扇窗外，太陽恰巧掙脫了烏雲，露出了一絲微光。

是啊！這正是他們目前遇到的問題：關係出現變化。現在的關係相比交往初期的美好，兩人的衝突變多了，也少了很多親近和互持。雖然現狀都不是他們想要的樣子，但他們用來處理問題的方式，卻又使這個已經打結的關係，變得更糾結。

事後瞭解他們的成長背景，讓我更理解爲什麼會產生這樣的惡性循環。

芸湘是家中的二女兒，上頭有個姊姊，下頭還有個弟弟。在成長的過程中，芸湘一直是家中最不受重視的那個。除了都是穿姊姊留下來的衣服，很少有自己的新衣服，芸湘印象最深刻的就是父母經常說的兩句話：「你要聽姊姊的！」「你要讓弟弟！」於是，適切地說出自己的需求，一直不是芸湘可以想像，更不要說做得來的事。要不是講了父母也不在乎，就是父母要求她配合、忍耐，這讓芸湘厭倦了主動爲自己講話和爭取。

至於亮浩，他是家中的老大，有個經常讓媽媽頭痛和煩惱的弟弟。從小到大，他最常聽到的就是父母叮囑他要出人頭地、要負責任。每次回老家，父母也是三句不離工作和薪水。這讓亮浩覺得自己需要在工作上有所成就，才能成為父母的希望和驕傲。於是，工作成為他的生活重心，成就變為他追逐的目標。

兩人的背景和成長經驗，為關係中的小倆口帶來不少挑戰。

不妨借用在第一章學到的「依附眼光」來觀察這對伴侶如何爭執，以及彼此怎麼卡在互動之中。

階段二：隱藏在追與逃背後的故事

在這段關係中，可以明顯看出兩人的互動位置：芸湘是追逐抗議者，亮浩則為逃避退縮者。

芸湘過往的人生經驗教會她，伴侶讓自己不開心時，表達自己的期待和需求是沒有用的，也不會有人在乎。因此儘管感覺兩人不再像以前一樣親近，由於不想給對方壓力，最初選擇忍耐、觀察和等待。但滿腹的委屈和難過沒有地方裝載，對方的反應也讓她覺得關心大為減少、不受重視。關係的變化使得芸湘不安，並在一次次的事件中累積直至洩洪。她會表達出對男友的不滿和生氣，是因為似乎要這麼激烈抗議和表達，對方才會「正視」，才有機會重新找回關係的連結。

亮浩聽到女友的抱怨時，起初為了避免衝突、停止抱怨和指責，他會試著安撫。原本希望這樣可以解決問題，但關係長久以來的不平衡，導致女方的抱怨越來越多，以至於安撫經常沒有效果。於是，他開始不願再去為每一件事解釋，而逐漸變得沉默。

久而久之，芸湘時不時溢出的不滿，也讓亮浩不耐煩、耐性逐漸超載，開始覺得她沒事找架吵。亮浩那些曾經有效的安撫，也變得敷衍了事。他開始受夠了這些不滿，覺得沒人體諒自己在工作中的辛苦和疲憊，只是充滿對自己的抱怨和挑剔。兩人過去經常因為這些事情鬧得很不開心，於是亮浩選擇不說話、不回應，來停下這個他覺得永無止境的爭執，也希望女友的抱怨不會影響自己的生活和心情，甚至不惜在諮商中否認問題的存在。

然而，恰恰是亮浩拒絕承認問題存在的那句「我不覺得有什麼問題」，讓芸湘原地核彈爆炸。她一想到自己為男友做出的各種犧牲和付出，卻換來現在的關係狀態，就感到很不值得，也很失望。因此她翻起舊帳，數落和指責對方。這個反應讓亮浩覺得芸湘很情緒化、很不講理，而為了不讓自己被女友激動時的情緒和話語傷害，他更不想要做出任何反應，好避免聽到那滿坑滿谷的怨懟。

芸湘對於男友的態度和沉默相當不理解，更覺得自己在爭執時被貼上情緒化、有問題的標籤，既受傷又失望，認爲自己的情緒沒有被男友重視和接住；亮浩則是對自己沒辦法改變關係的互動、又不能減少女友的抱怨，既挫折又沮喪，也一直認爲自己的安慰和調整沒有被對方看見，辛苦和忙碌也沒有獲得對方理解和體諒。

一方難過失望，一方無力沮喪，似乎是這種互動循環到最後的必然結果。

藉由下一頁的表格整理，將可以更清楚在眾多事件的背後，心理師可以如何找到核心重點，並且從這些重點中，梳理這對伴侶惡性循環的模式和形成的原因，進而切入核心進行伴侶諮商。

芸湘看似激動、生氣，背後更多的其實是不安，因爲她感覺關係發生變化，覺得只剩下自己在努力面對、拯救變質的關係，也對男友的反應相當失望與難過；亮浩看似煩躁、不耐煩，其實是挫敗和沮喪，因爲他沒辦法透過自己的努力來降低關係衝突、減緩女友的不滿，同時也對關係變成現在的狀態感到難過。

在追與逃的行爲底下，隱藏著許多複雜且糾結的情緒，使得伴侶在互動中經常只看到彼此的「表層情緒」，沒有機會看到彼此表層情緒底下的「深層情緒」。

然而這些表層情緒卻往往推動彼此的衝突，加深惡性循環的情況。

▶▶▶ 梳理惡性循環的模式與成因

男生	女生	
逃避退縮者	追逐抗議者	依附位置
• 最初：安撫 • 後來：敷衍、拒絕、否認問題	• 最初：忍耐、妥協、等待 • 後來：抗議、抱怨、指責	行為反應
• 試著解決問題 • 避免衝突 • 找回自主權	• 不想給對方壓力 • 爭取關注和重視	行為意圖
• 妳很莫名其妙、情緒化 • 妳是故意讓我難堪、找我麻煩 • 不管怎麼做都無法滿足妳	• 你不再像以前一樣愛我、在乎我 • 你嫌我煩，所以把我推開、不理我	對伴侶行為的解讀
生氣、煩躁	生氣、不安	表層情緒
挫折、沮喪、難過	難過、失望、委屈	深層情緒
不被指責、被體諒、被理解	被在乎、被重視、不被忽略	內在需求

階段三：你是否也陷入這樣的關係——面對關係變化的失落與痛苦

還記得前面提到，在情感關係中會喚起人們依附系統的三大情境嗎？芸湘和亮浩這對伴侶，他們的關係正面臨一個困境：「不再像以前一樣」。也就是三大情境中「關係發生變化」的情形。

不管是因爲其中一方工作忙碌，使另一半感覺被忽略；還是因爲關係進入穩定交往期，很難再這麼投入和用心，維持最初經營關係的熱度；或是因爲陸續發生一些爭執，讓彼此有了心結，導致互動比較冷淡，都與芸湘和亮浩的關係情境類似。

不只是交往中的伴侶，結婚之後也可能爲關係帶來變動和不安：兩人或其中一方的生活出現重大事件，如親人過世、職務調動、裁員、外派；或是生活重心轉變，如孩子出生、要照顧年邁的家人等。

隨著關係的發展和時間的推進，生活中或多或少會出現一些變化。這時候，在關係中相對比較屬於追逐抗議的一方，可能會因爲嗅到變化而喚起依附系統，想找回可以讓自己安心的另一半。故事中，芸湘便是那個燃起狼煙的人。

熱戀後的「平淡」，往往使追逐抗議者感到焦慮和不滿，率先做出反應。

可是，此刻他們想必很難過也很不安，既擔心關係不一樣了，也覺得彼此不如以往親近。對方看到自己不舒服，也不再像以前一樣耐心地表達理解和重視。

因爲不想被忽略，又想找回美好的互動和甜蜜的相處，他們一邊找尋安全感，一邊開始埋怨、提出自己有多不開心，希望對方可以重視自己的感受。這時候卻可能因爲沒辦法適當表達自己的需求和期待，反而透過生氣、抱怨、指控，希望另一半改變。他們內心的深層情緒，都埋沒在表層情緒之下，相當可惜。

或許是忙到沒時間留意關係出現變化，或許是刻意拒絕看見關係的問題，也或許是習慣或潛意識地逃避處理關係，不管如何，這時候相對比較逃避退縮的一方開始聽到另一半的抱怨和指責，心裡都會有不小的壓力。

已經有個人站在門口敲門了。

不管怎麼安撫和解釋，此時都可能被對方視爲辯解和藉口。如果還有耐心，或許會多做幾次。然而，這樣的努力往往徒勞無功，結果大概也都不如預期。

此刻的互動，往往使逃避退縮的一方，感到不知所措又無可奈何。

單身的時候，明明都習慣獨自面對、獨自消化和承擔自己的工作和生活壓力。但在關係中，卻沒有心力再去照顧另一半的心情，甚至覺得對方的關心和詢問是另一個壓力的來源，讓對方想改善關係的心被拒之於門外。

本來希望對方多體諒、多理解自己的辛苦和疲累，但習慣逃避退縮之後，或許連這樣的感受都很難用言語清楚表達。這便是逃避退縮者吃虧的地方：對方可能甚至不曉得他們的感受，只接收到冷漠和拒絕。

▼▼▼關係中是否存在讓你難受的「變化」？讓我們透過下面的活動，幫自己整理出屬於自己關係的變化：

一、我們曾經會一起＿＿＿＿＿＿，現在則＿＿＿＿＿＿。

二、我們曾經的關係像＿＿＿＿＿＿，現在變成＿＿＿＿＿＿。

三、之前吵架時，我的另一半會＿＿＿＿＿＿，現在則＿＿＿＿＿＿。

四、在交往／結婚的這段期間，發生過什麼事為關係帶來挑戰？

五、有哪些你觀察到的變化，讓你覺得不好受嗎？

階段四：擺脫惡性循環的重要關鍵——覺察和分享深層情緒

其實，如果伴侶雙方可以在衝突後緩和下來，就有機會看見自己和另一半在情緒張力很強的「表層情緒」底下，有更多無法自己覺察、另一半無法感受到的「深層情緒」，能大大幫助彼此相互瞭解，並打破惡性循環。

不妨藉由芸湘和亮浩的故事，明白為什麼覺察、理解和分享深層情緒，會有這樣的功能和幫助。

和這對伴侶進行幾次諮商後，某次有機會談到芸湘心裡對關係產生變化的不安，以及排行老二的她在成長過程中也是這麼不受重視。因此，她感受到男友的冷淡和忽略時，才會這麼難受和不安，也更加深童年不受重視的經驗。

芸湘深切地覺得，這半年來自己對男友的態度變化，讓她懷疑是不是因為男友不再喜歡自己，才會對她的難受無動於衷、才會不斷把她推開。我轉向亮浩：「你知道原來你忙於工作，因為疲憊而產生的冷淡，會讓芸湘這麼難受和不安，也讓她覺得你好像不在乎她嗎？」

亮浩沉默了幾秒後說：「我知道自己的忙碌會讓她抱怨和不滿，但我不知道她會覺得難過、會覺得被我忽略。」

「好像你以前只會看到她生氣、不滿的樣子。在她指著你的鼻子大罵：『沒有人想跟你進入婚姻』的時候，難怪你會覺得不舒服、會覺得憤怒。吵架的經驗告訴你，只要她很激動，你講什麼她都聽不進去。所以看到她生氣時，你想到的方式就是讓彼此冷靜，當下你才會不想回應她。可是在這幾次的諮商中，你有機會聽到她因為你的忙碌而覺得被忽略，原來她會因為你的反應而傷心，還加深了她從小到大不受重視的感受，你有什麼感覺？」我問。

「我也覺得很難過。」

對逃避退縮者來說，要接觸自己比較深層的情緒不是件容易的事，因此看到亮浩發覺到自己的深層情緒，而且還可以表達出來，我打鐵趁熱地問：「能不能多說一點你難過的是什麼？」

這個問題一方面能幫助我瞭解亮浩，另一方面在伴侶諮商中，這問題的答案也是另一半很想知道的事。在他們的對話中無法順利帶出這個問題，卻是伴侶治療師能夠協助聚焦和挑出重點的地方。

「我覺得自己好像錯過瞭解她的機會，因爲我看到的就是她很煩人、很不體貼的樣子。不過我也的確沒有辦法在衝突當下，解讀她背後的感受是什麼！」

「是！所以好像眞的不是你不想懂或不願意懂，而是你沒有機會懂，對嗎？然後瞭解女友對你的抱怨不只是生氣，還有對於關係現況的難過、對關係未來的擔心時，其實你也有點難過。原來自己因爲疲累、疏忽帶來的冷淡，讓她這麼傷心。」表層情緒或許很清楚，深層情緒卻相當模糊。亮浩在衝突過程中經常看到另一半的不滿、指責和抱怨，但沒有機會瞭解她內心深處的難過。

「對。我的確沒有好好維持關係，有時也太習慣用自己的方法消化壓力，沒有顧慮到她。或許一段關係不能只靠她，我也需要多用一點心。」亮浩對我說。

「我聽到你除了難過，好像也很抱歉自己的忽略讓她難過，是嗎？」

亮浩對我點了點頭。我說：「你要不要試試看，直接跟她分享這份歉意？」

在亮浩嘗試用自己的方式致歉後，我轉向芸湘：「妳剛剛聽到亮浩說，他因爲意識到自己的疏忽和疲憊而感到難過和歉疚。妳今天是第一次發現他有這樣的心情嗎？」

「是啊！之前我只覺得他很冷漠，又拒絕爲我們的關係做出改變，好像只有我一個人重視關係、只有我一個人想要努力。」她說。

「看到他因妳的傷心、不安而難過歉疚，然後表示他也發現不能只靠妳爲調整關係而努力時，妳的心情是什麼？」

「我有點不知道怎麼接收這個訊息。」

「怎麼說？」我帶著困惑和好奇發問。

「我不知道他是眞的懂了，還是因爲我跟他要，他才給我……」

「覺得自己要來的就沒有意義」「覺得對方應該主動給予，而不是自己得索求」「覺得討來的東西就不是對方眞心想給的」這些感受，是很多伴侶會遇到的困境。

明明很希望聽到對方的關心、安撫、陪伴、照顧，但對方如實提供，卻又愣在原

地，不知道該如何接收另一半的心意。

此刻會讓逃避退縮者覺得無力、挫敗。好不容易聽懂另一半要什麼，思考後也願意給予了，卻又被擋在門外。如此嘗試努力為對方做出改變，卻感受不到另一半的感謝和感動，於是他們寧可雙手一攤不再嘗試，以免再次經歷怎麼做怎麼錯的無力和挫敗中。

另一方面，其實追逐抗議者得到爭取這麼久的回應時，第一時間經常是錯愕和不知所措的。他們不曉得如何接收突然被放到手中的好意，驚嚇之餘也把這個好意摔碎在地板上，擲地有聲。除了不安、擔心這突然出現的「好」，也不曉得這是否眞實、能否維持長久。

於是，這個可能在關係中曾經好不容易出現的正向片刻，便總是留不住。好像享用了一頓佳餚，卻沒辦法消化一樣。**只懂得如何索求，卻不曉得如何接收，是許多追、逃伴侶的心酸。**

「妳聽起來有點擔心。」

芸湘眼眶逐漸泛紅，並且輕輕地回應：「對。」

此時，我靜靜地等在一旁，看著亮浩抽起一張衛生紙，遞給女友。

「談到這些好像讓妳有些感觸，怎麼了？」

「這些從來都沒有發生在我身上過……沒有人會因爲在乎我而對我好、關心我、爲我改變。」芸湘哽咽地說。

「我懂，這眞的是妳從未有過的經驗。連小時候也是這樣，妳的父母也經常忽略妳的需求。常常沒有人眞心在乎過妳的感受，儘管過去妳努力爲自己爭取，可是這眞的好累，是嗎？妳所有需求、期待，都需要花費好大的力氣爭取，才能得到妳要的回應。」

「對，什麼都是我要來的。我就像個討愛的乞丐，什麼都是我要來的！」

「所以妳聽到亮浩今天好像懂妳的不安，而且不只懂了，還願意爲妳做一些調整時，妳既感動、驚訝又擔心。因爲這個『好』來得太突然了，一時之間也有點難接住，是嗎？」

芸湘看著我，點了點頭。

「我感覺，妳感動、驚訝的是他能夠懂妳的難過，也很抱歉過去做出讓妳難過的事情，更願意調整。這跟妳以前遇到的人好像不一樣，也跟妳過去對他的印象不一樣。妳擔心的是，這會不會又是一次妳乞討來的關心。妳不曉得這個照顧、這個調整是不是眞的，也不知道自己是不是可以放心依靠他。是不是這樣？」

芸湘一邊擦眼淚，一邊點點頭。

「妳能不能直接轉頭，對亮浩說出妳既感動又擔心的心情？」

於是這次的諮商，就這樣停在一個雙方可以好好對話、好好分享的段落。

從這段對話中，可以觀察到改變其實很不容易！要接收到對方的改變很不簡單，將他人的改變作爲療癒自己的良藥更不輕鬆。因爲過往的經驗，都會讓我們不習慣嘗試新方法，也很難相信眼前的人這次會不一樣，跟以前的他不同、跟過去的其他人不相同。

因此，如果你也處在這樣的關係之中，可以先試著學習擺脫自身關係的惡性循環核心，也就是找出隱藏在互動模式中的**「深層情緒」**。

亮浩沒有機會明白芸湘因爲自己的忽略在傷心難過，因爲他看到的都是她的抱怨和不滿。因此當亮浩透過諮商歷程的幫助，看到另一半激動指控的背後，還有她童年經驗的陰影、近期生活不受重視的難過，以及爲關係做出努力卻沒有被看見的委屈，進一步體會到女友的深層情緒。

另一方面，當亮浩能夠因爲看見另一半的難過和委屈，並調整自己的行爲時，也讓芸湘有機會緩和自己抗議的行爲，開始理解男友看似冷漠的背後，其實也是過程中試著解釋和安撫不成功，更對不斷被指責而感到疲憊、沮喪和難過。

至此，這對伴侶已經可以互相看到彼此內心深處的感受。

一旦踏出第一步，**可以覺察和體會自己的「深層情緒」，甚至進一步和對方分享這些心情，幫助對方理解自己的感受，就能解開只看到對方「表層情緒」而形成的誤會，停下惡性循環，為關係帶來不一樣的結果。**

2-3 爲什麼我講不出心裡的期待與擔憂？

——我們真的走得下去嗎？

階段一：陷入惡性循環的伴侶

俊豪和雅苓在愛情長跑八年後，開始討論是否要進入婚姻，女方卻突然在準備婚禮的階段，表示自己需要一點時間做好心理準備，希望先緩緩登記和婚禮的時間。

第一次諮商前，我在他們塡寫的諮商預約表單和協助初談的心理師紀錄中，概略瞭解到他們正在面臨關係的交叉路口。於是第一次見面時，我簡單介紹一下自己並帶領他們進到諮商室後，就開門見山地問：「在決定是否攜手共組家庭的時期，你們似乎遇到一些困難，或許我們的諮商可以從『幫助我瞭解你們遇到的困難是什麼』開始談起？」

「我不曉得怎樣可以讓她放心，也不曉得怎麼讓她開心。」俊豪先回應我。

我輕輕點點頭並看向俊豪，示意他往下說。

他們相互對望了一眼。

「我很期待可以開啓兩人的人生新篇章。其實我眞的期待好久了，我知道她心裡也是這樣期待的，但我也同時感受到她很焦慮。」

「你有感受到她在焦慮些什麼嗎？你好像覺得女友的焦慮，已經成爲你們關係往前走的障礙？」我問。

「她會跟我說，她有些擔心婚後的生活和適應。我知道這時候她期待聽到我的安撫，或給她一些保證。我覺得自己都做了，每次看她悶悶不樂，我就會想關心她。但一開始她會讓我知道她在擔心什麼，現在就算問她，她也好像越來越不會講到自己。我覺得我們倆眞的可以一起解決這些問題，當兩個人一起面對，這些問題就不是問題了，不是嗎？但她的反應，有時也讓我對進入婚姻這件事有點迷惘：會不會只是我一廂情願，她並沒有眞的想跟我走下去。」

雅苓補充說到：「對，所以他這時候就會問：『我們眞的要結婚嗎？』但我沒有不想跟他結婚，我只是有我的擔心。」

對於結婚這件事，俊豪充滿自己的憧憬和藍圖。他很希望兩人完成人生大事後，能一起度蜜月、一起規畫未來、一起籌備同住的生活。在這些憧憬背後，俊豪想牽著雅芩的手往前走。

另一方面，雅芩雖然很期待可以進入婚姻，卻也有自己的擔心。後續和雅芩談了之後，我才理解這些擔心其實有很多層次，而在他們的對話中，並沒有機會眞正攤開這些擔心來整理清楚。

於是，協助這對伴侶「攤開」這個目前影響他們進入婚姻的情況，是諮商的方向與目標，也是我這個伴侶治療師的工作。

我們從**第一層次的擔心**談起：雅芩**擔心婚後兩人生活的變動、擔心另一半的家庭對自己成為媳婦後有更多的期待、擔心自己的生涯發展和崇尚自由的性格會因為婚姻而被束縛，也擔心自己不符合社會上「好媳婦標籤」的樣子**。這些因爲角色轉換隨之而來的期待與框架，使雅芩陷入焦慮和恐慌，並對於進入婚姻有所顧慮。這似乎也是許多女性在進入人生下一個階段時會有的心情。

對比雅芩的躊躇，俊豪對於婚姻的渴望和熱切，讓他彷彿自顧自往前走的旅人，忽略了因身體不舒服而蹲在路燈下的旅伴。雅芩的擔心已經讓她停在原地，一雙手也被俊豪扯得很痛。

「你們已經交往這麼多年，彼此都視對方爲人生的配偶，卻在要進入婚姻前，讓妳出現猶豫和擔憂，是妳感受到什麼或觀察到什麼嗎？」

除了一般女性面對婚姻時會有的擔憂，我也想瞭解有沒有屬於這對伴侶現階段的困難。深入探索後，才發現兩人原來在開始討論進入婚姻的這個階段中，發生了一些事情，而這些「背景資訊」和「障礙」是他們沒有留意到的。

大約半年前，雅芩因爲公司整併被裁員，目前待業中。在沒有穩定的經濟收入情況下，使她不敢在這個階段進入婚姻。另一方面，雅芩也不想太快有小孩，但因爲俊豪是長子，爸爸多年前又因工傷事故離世，媽媽相當期待他們結婚後可以同住，並且早點規畫生小孩。

再者，雅芩提到參加俊豪的家族旅行時，準婆婆想更正式地介紹雅芩給親戚們，但俊豪對媽媽說：「她很累了，之後時間多的是，不用急在這時候。」這個回應看起來是替女友著想，卻讓雅芩相當震驚，因爲自己成了俊豪拒絕媽媽的理由。她擔心自己會因此被婆婆討厭、被覺得難搞。雅芩觀察到俊豪似乎不太擅長處理婆媳間的互動，也覺得他過於樂觀和不食人間煙火。

雅芩也回憶起自己成長過程中的家庭經驗，擔心婚後的生活會如同自己的媽媽和奶奶一樣，有著嚴重且陳年的婆媳問題，而爸爸在這段關係中卻是個「失能」的存在，無法扮演協調和潤滑的角色。在雅芩的經驗裡，婆媳問題只要一有裂痕，就沒有修復的一天。

這些近期出現的生活變動，包含雅芩生活中面臨的困難、對婆婆可能的期待、對男友應對能力和不夠細心的擔憂，以及原生家庭經驗的影響，俊豪全都忽略了。因此，雖然他努力給對方保證和安撫，卻不斷碰壁。

「我可以感覺到妳要進入婚姻前，有很務實的思考。雖然充滿憧憬，但也同時擔心婚姻會遇到的現實面。這份憂慮也成爲妳之所以請另一半多給些時間的原因，不過似乎過去也沒有機會理清楚這些脈絡。」我對雅芩的擔心表達肯定和理解。

在我釐清女方的擔心後，我轉頭問俊豪：「你有聽她講過這些擔憂嗎？然後你覺得自己有理解到什麼嗎？」

「有啊！她會說。雖然我眞的還是不懂她需要擔心什麼，也覺得好像做什麼都沒有辦法讓她安心。」

聽到這，我知道俊豪還沒有跟上，也還不清楚雅芩的感受。

由於是第一次諮商，我好奇雅芩出現這些擔心時，他們彼此怎麼處理這個問題。於是，我開始跟他們一起整理這段關係的惡性循環。

「那當你聽到她在擔心這些時，你有什麼想法？你會試著做些什麼嗎？」我向俊豪問道。

「有時候看到她心情不好，我會問怎麼了，不懂她爲什麼需要擔心。遇到婆媳問題或婚姻出現適應問題，通常不都是因爲先生沒有作爲嗎？可能先生沒有扮演好支持的角色，但我是很願意支持她的啊！但看到她這樣，偶爾也會讓我不知道該怎麼辦。我們都在一起八年了耶！難道這些時間不足以讓她對我產生一些信任感嗎？」

「我懂了，所以這時候你就會像剛剛說的，想要安撫她、給她一些保證，也想告訴她：『放心，我會陪妳，不會讓妳一個人面對結婚後的變化。』是嗎？不過，我想你的安撫跟保證，好像沒有發揮作用，這讓你有點挫折。加上你看到女友的擔心和對婚姻的猶豫，也讓你有點著急，想要在交往多年後能夠進入下一個人生階段。」

俊豪點了點頭。

我轉向雅芩：「妳看到他不斷告訴妳說不用擔心，他會陪妳一起面對婚姻時，妳有什麼感覺？」

「我相信他有意願跟我一起面對，我也很謝謝他。可是他也會一直告訴我，要我不用想這麼多，加上他處理一些事情的方式和態度，眞的無法不讓我擔心！」

諮商的歷程就是這麼奧妙。一開始我也帶著困惑，想說俊豪的反應比起好多忽略另一半感受、沒有擔當的伴侶要好很多，甚至不斷安撫、給另一半力量，究竟是什麼因素讓他們會需要遇到這樣的挑戰？從雅芩後續的回應中，我才逐漸明白。

其實讓他們卡住的問題，已經不單純是雅芩擔心結婚後的變化和無法掌控未來，而是慢慢演變成**當她出現這些擔心時，俊豪並沒有辦法承接自己的不安，讓她覺得不被理解，也覺得被催促。**

於是，這時有機會談談他們來諮商前在討論中看不到的部分，也就是**第二層次的擔心，更是真正讓他們卡在這個惡性循環的核心原因**：雅芩擔心自己的不安會帶給俊豪壓力，再加上向俊豪表達擔心和焦慮後，他也只是自顧自地要雅芩不要想這麼多，然後堅持趕快完成他規畫好的事情。這一年來，俊豪的反應讓雅芩更覺得他無法理解自己的不安，雅芩也無法眞正感受到俊豪的安慰和關心，

因此，雅芩開始把這些話藏在心裡面，在「嘗試向對方表達卻可能不被理解」和「靠自己來消化心裡的不安」之間，雅芩選擇後者。希望可以透過自我安撫和調適，讓自己稍微喘口氣。

「當妳覺得俊豪不理解妳在擔心什麼，我猜妳對他是有點失望的，所以妳選擇自己消化情緒。儘管知道他想要幫忙和照顧妳，但訴說妳對於婚姻的擔憂時，他的反應會讓妳覺得他沒有辦法理解和接納，也承接不住妳的心情。這是讓妳想暫緩一下婚姻進程的原因。」我說。

雅芩在生活中的觀察和經歷，都使她對於結婚出現擔憂。青春很寶貴，她覺得兩人

若是沒辦法解決這個問題，是否停在這邊就好。同時，男方的粗枝大葉和不理解，更加深雅芩的徬徨，並陷入對方是否可以託付終身的思考。

「面對一個這麼大的人生決定，其實妳真的很不安，這份忐忑讓妳舉步維艱，也不清楚自己到底準備好了沒有。明明已經很擔心婚姻帶來的變化，又擔心自己是否能適應，看到俊豪的反應讓妳更難對他產生信任感。於是，妳就想著要不就這樣算了、要不就各自找更適合的對象。」

藉由這段話，我協助攤開他們目前遇到的困境，特別是讓雙方都有機會釐清和弄懂：雅芩進入婚姻階段時面對的擔心究竟包含哪些層面的情況，他們兩人的反應又是如何使這段關係變得更加糾結。

雅芩沉默了一會兒，然後說：「對，我真的會覺得乾脆就這樣算了。」

「是啊！我懂！」我轉向男方，「但這正是俊豪你不理解的地方。你其實知道雅芩這個階段在擔心什麼，雖然不是完全都懂，但我看到你想瞭解，也想幫忙，可是在你想關心和伸出手協助時，不斷覺得自己好像被對方推開，很難把你的關心傳過去，對不對？」

「對啊！我會問她到底怎麼了。我想知道有沒有什麼是我可以做的，但她不跟我說，我自己好像也找不到。」

「是啊！這個情況讓你滿沮喪的！」接著我轉向女方說，「不過我也在想，妳剛剛說的『算了』，好像不是眞的算了，而是很灰心、不知道該怎麼辦的反應。」

這是這對伴侶目前共同的心情，兩人都有點沮喪難過，也很灰心無法找到方法來突破困境。只是他們用來處理這些情緒的方式不一樣，一個想要找方法解決，一個關起門來暗自消化。

階段二：隱藏在追與逃背後的故事

現階段在這段關係裡，男方看起來比較像是追逐抗議方，女方則爲逃避退縮方。

俊豪對關係的互動和未來有所期待，希望能夠開始規畫人生的下一個階段，也期待女友與自己一樣嚮往；雅芩在面對新的關係階段時，其實出現很多人都會有的顧慮和擔心，加上過往的家庭經驗，讓她對於婚後兩個家庭會出現的摩擦，以及可能近乎無解的婆媳問題有了災難性的想法。她的父親在婆媳問題中扮演的角色和功能，也可能讓雅芩投射在另一半身上，不指望對方能幫上什麼忙，甚至擔心他會讓情況變得更糟。

面對雅芩對婚姻的焦慮和擔憂，爲了安撫，俊豪試著透過口頭和行動來表達自己的用心與努力，盡可能避免女友擔心的事情發生。同時，他也敏銳於女友的情緒變化，在她情緒低落、對婚姻迷惘時，關心她的心情，更想瞭解自己有沒有什麼可以幫上忙的，希望做點什麼來幫她調適心情。

然而，對雅芩來說，她一方面覺得自己的焦慮只能靠自己消化，另一方面又覺得俊豪很難理解身爲女性的擔心，更覺得他這麼急著結婚只會讓她更焦慮。看到俊豪的不理解，又常做出她覺得無助於協助媳婦融入婆家的行爲時，雅芩選擇用來處理自己兩個層次的擔心和焦慮的方式，就是躲起來自己消化心情。不再跟俊豪分享，甚至不再依靠對方。但是，如此一來也導致她渴望被理解、被接納的內在感受，更難有機會獲得回應。因爲此刻儘管俊豪有意願，也沒有機會弄清楚雅芩這些複雜的感受。

雅芩這個「閉關修行」的動作，被俊豪視爲關係惡化的「警訊」，並出現警覺反應：妳需要時間考慮，是不是覺得我不夠好？是不是在思考我不是適合的人？因此，俊豪著急地想要證明自己會照顧和陪伴對方。尚未眞正理解女方的擔心和猶豫就做出這些保證，希望可以得到對方的信任和依靠。可想而知，這些保證沒有辦法讓雅芩安心，也無法進到她的心裡，成爲能鎮壓東海的那根定海神針。或許對其他關係來說，保證很重要，但對雅芩與俊豪來說，**這個保證卻變成沒思考就做出的隨意承諾**。

一方著急挫折，一方害怕不安，使得雙方卡在惡性循環中。伴侶關係中會出現惡性循環，經常是因爲用來「滿足」和「回應」自己依附需求的行爲出現問題。比如俊豪透過安撫、安慰、給予保證與追問的方式，來滿足自己可以被依靠、被愛的依附需求；雅芩則透過停下腳步、躲起來自己消化焦慮，來減少自己不被理解、不被接納的感受。不妨也藉由下頁的表格整理，梳理這對伴侶惡性循環的模式和形成的原因。

階段三：你是否也陷入這樣的關係——對關係的發展和未來迷惘

當關係要往下一個階段推進，「變化」和「不確定性」往往會喚起人們的焦慮，此時可能讓人變得著急，也可能讓人擔心和茫然。2-2的主題中談到了關係的「變化」，這裡的主題來談談關係的「不確定性」。

在我的諮商實務現場，經常遇到關係穩定發展並朝結婚方向進行的伴侶。此時尋找諮商協助的內容，往往脫離不了以下幾個狀態和掙扎，讓伴侶們面臨關係的衝突與困境，爲原本穩定的關係帶來挑戰：

一、我們眞的適合嗎？

二、到底要不要跟這個人結婚？

▶▶▶ 梳理惡性循環的模式與成因

	男生	女生
依附位置	追逐抗議者	逃避退縮者
行為反應	• 最初：關心、表達自己的想法和對未來的期待、安撫、保證 • 後來：追問、完成計畫	• 最初：自己消化整理 • 後來：拒絕分享、不再依靠、封閉自己
行為意圖	• 渴望連結 • 讓女友安心 • 表達在乎	• 不想關係有低氣壓 • 不想造成麻煩 • 想自我調適、消化
對伴侶行為的解讀	• 妳在拒絕和推開我 • 做什麼都沒用 • 妳是不是沒這麼喜歡我	• 你無法理解我的煎熬 • 表達我的心情只會讓情況更糟 • 你把事情想得太樂觀
表層情緒	困惑、著急、挫折、沮喪、無力	焦慮、擔心
深層情緒	難過、害怕	難過、害怕
內在需求	被愛、被依靠、被信任、被認可	被理解、被接納

三、都在一起這麼久，分開是不是太可惜了？

四、關係中長期累積了一些問題，看起來好像度過困境，可是那些問題的根源眞的解決了嗎？

五、婚後就要開始面對兩個家庭的生活，我眞的準備好了嗎？

六、如果我沒有想清楚，會不會後悔？

另一種情境是，有些人因爲衝突而暫時與伴侶分開，到了是否要重新開啓關係的階段，也會出現以下幾種狀態與掙扎。其中一方想要推進關係，另一方則站在原地猶豫：

一、我們的衝突有解決嗎？

二、重新在一起會不會重蹈之前衝突模式的覆轍？

三、我準備好重新接受對方了嗎？

四、他是眞的改變了，還是只爲了挽回關係而隨意做出承諾？

五、復合是否眞的比分開好？

如果你也在這兩種關係情境中，並且是比較積極想推動關係往前進的一方，儘管不見得屬於焦慮依附類型，互動中可能會表現得比較像是追逐抗議的一方。

看到另一半對關係的猶豫和擔心，你可能會馬上關心、追問、再三確認關係，甚至聯想到「是不是我不好，導致你沒辦法馬上回應？」於是，你想要知道哪裡做得不夠多？哪裡讓另一半不滿意或不開心？

這些行為再正常不過了，因為此刻的你心中充滿不安，並且認為應該要做點什麼，才可能推動關係的進展。所以你想要找到一些施力點：想知道對方愛不愛你、自己能不能被對方依靠，也可能想透過努力和保證，來感受到對方因為信任，願意將自己未來的幸福交給你。

然而，如果你是這個情況裡逃避退縮的一方，另一半的確認和追問可能讓你感受到壓力和負擔。這是個重大的決定。你想要稍微緩一緩，也藉此喘口氣，想想接下來該怎麼走。特別是過往的經驗告訴你，如果沒有想清楚接下來的路，或許會讓自己過著不想要的生活。那個「不確定性」，也可能會讓你停在原地，甚至往後退。

此刻若再加上你覺得對方並不瞭解情況，只是為了關係有所進展而給出保證和承諾，便讓你更猶豫，擔心這個依靠可能不那麼踏實。在你做出決定前，這時候更需要對方的理解、接納和尊重，而非急著推你去做還沒有想清楚的決定。

▼ 關係中是否存在一些對現況和未來的「不確定性」和「未知」，導致你站在交叉路口，不太確定接下來要怎麼選擇？透過下面的活動，幫你整理出屬於自己關係的不確定因子：

一、在這段關係中，我曾出現怎樣對現況或未來的擔心？

＿＿＿＿＿＿＿＿＿＿＿＿＿＿＿＿

＿＿＿＿＿＿＿＿＿＿＿＿＿＿＿＿

二、過去的經驗，讓我擔心我們的關係會＿＿＿＿＿＿＿＿。

三、我想像到關係的＿＿＿＿＿＿＿＿，我就覺得＿＿＿＿＿＿＿＿。

四、如果關係出現＿＿＿＿＿＿＿＿，我會擔心＿＿＿＿＿＿＿＿。

階段四：擺脫惡性循環的重要關鍵——找出彼此推動惡性循環的責任

當兩人的互動卡住時，如果雙方有機會在衝突之後緩和下來，去看見彼此在惡性循環的推動中，各自扮演什麼角色，該承擔什麼責任，便有機會及早停下不斷侵蝕伴侶關係的互動，破解惡性循環。

藉由雅芩和俊豪這對伴侶，來看看該如何承擔起自己推動惡性循環的責任。

「我發現雅芩妳其實並沒有想推開俊豪。妳不是要說，不想跟他一起走未來的人生道路；也不是要講，不相信他會想幫忙。而是當妳在人生的路途上迷惘了、停下來了、蹲下來了，妳想說：『可不可以先不要著急，等我一下！』」我說。

「對，我就是這個意思。」雅芩回應我。

「可是很不巧的是，當妳停下來看著眼前的路開始不安、掙扎，發現俊豪這麼著急，用各種方式想說服妳往前走，反而讓妳有更大的壓力和負擔，也更不曉得如何回應他的期待。看起來，他好像在表示能陪妳面對未來的挑戰。可是妳當下最大的困難，就是覺得他好像沒有真的理解發生什麼事、妳在擔心什麼，就想要妳放心、不要擔心，對不對？」我看似在回應雅芩的感受，這段話同時也是說給坐在一旁的俊豪聽。這是伴侶諮商的好處，可以同時將重點呈現給兩個人，事半功倍。

著急的心情、不顧一切拉著另一半往前走的行爲，正是男方推動惡性循環的行爲與責任。**有時候，急沒有辦法幫我們解決問題，反而會帶來更多問題。**

雅芩點了點頭，接著說：「而且這時候，我會覺得身邊沒有人懂我。我已經很焦慮不安了，那個本來應該懂我的人，卻跟我隔得好遠、好遠。」

於是我轉向俊豪：「你看到雅芩停頓就急著要她給出確切的回應，希望藉此讓自己心裡頭踏實一點，卻反而讓她感覺有點孤單。你聽到雅芩這樣說，你感覺如何？」

「我沒有催她的意思，我只是不安，也想找到可以幫上忙的方式。我一方面想讓她心裡好過一點，一方面也希望可以讓她知道，我在這邊陪她。」

「你很希望自己的陪伴是有幫助的。但這段時間討論下來，你才慢慢瞭解到**除了陪伴，原來『懂得的陪伴』更重要。**」

「我們在這邊稍微緩一下好嗎？你們覺得這段討論，有沒有什麼對你們而言的重要發現？」

俊豪說：「我之前沒有想過，原來我太著急、太擔心的時候，我的反應會讓她覺得我不理解情況，就一直拉著她往前走。」

當諮商中出現重要的段落，我通常會像這樣停一下，確認我的當事人是否有跟上來。而俊豪的這個回應，反映出他已經能看到自己推動關係惡性循環的責任。

「我覺得這個體會好重要！這對你們很重要！不過我也在想，你很在乎另一半的時候，其實眞的很難等在原地不動。」我對俊豪說。

「是啊！我想給她空間和時間好好想想，但我也會擔心。」

「你對自己其實不是太有信心，也對雅芩思考後的決定有點沒把握，這是你著急的原因，對嗎？所以你只能用自己的方法去安撫、安慰、給她一些保證，讓她可以信任和依靠你，可以放心和你走入婚姻。」

「是啊。」俊豪嘆了一口氣。

「我懂，你眞的怕失去她。」

「也不知道會不會她思考之後，覺得我不是想託付終身的對象……」

「哇！這句話聽起來好讓人難過！」

我看到眼前的俊豪正把頭往上仰，眼眶噙著淚。

我等了一下後接著說：「其實我聽到在你的著急背後，你眞的很怕她就這樣離開了，對不對？一想到有可能失去她，你既難過又害怕，特別是當她說：『不要管我，讓我自己一個人靜一靜。』這時更讓你覺得，她是不是正在爲離開做準備，也難怪你這麼焦急！」同樣地，我雖然在回應男方，也同時在呈現給他們兩人聽，不安時躲起來的行爲對關係帶來的影響，正是女方的責任。

擔憂關係是正常的，只是自己一個人躲起來消化、處理憂慮的方式，可能爲關係帶來挑戰。

「對！就是這樣！」

我聽到哽咽的聲音。此刻，俊豪的眼淚從眼眶中溢出。

我轉向坐在一旁的雅芩：「妳知道嗎？**他在妳獨自消化自己的焦慮和情緒時，會想著妳是不是要離開他，因此感到難過和害怕**嗎？」

「我不知道，我不想讓他難過……」

「那妳是像他擔心的那樣嗎？正在準備離開？」

雅芩搖了搖頭。

隨著諮商的歷程，此刻是推動雙方來場重要對話的好時機。於是我邀請雅芩：「我想這對他來講很重要，妳要不要直接告訴他？說出妳停在原地的原因：妳不是想著要離開他，而是在消化自己的心情，才有力量回來跟他一起面對婚姻。」

作爲他們的伴侶治療師，這邊我想協助他們的，是透過雅芩的分享，去安定俊豪因爲害怕失去而慌不擇路的行爲。理解那是雅芩消化自己情緒的方式，不是推開他，這樣能讓俊豪安心些，也能減少這些著急的行爲造成女友的壓力。

在這段諮商中，俊豪意識到自己的著急推動了惡性循環；雅芩理解到自己遇到關係的困境時，「閉關」躲起來自己消化的行爲，也是惡性循環之所以成形的因素之一。此刻，他們已經能看到自己的責任。

一旦能踏出擺脫惡性循環的第一步，**覺察和體會自己的「深層情緒」**，接下來則可以試著**看見自己推動惡性循環的行為**，並且爲此負起責任，就會減少不滿或怪罪對方。如此一來，便有機會**看到自己能為關係帶來改變的可能性，進而適當地調整自己的行為**。

2-4 我們爲什麼變得無話可說

——當你站在我的對立面

階段一：陷入惡性循環的伴侶

保信和芙羽剛度過九周年的結婚紀念日。他們有雙兒女，分別是七歲的女兒和五歲的兒子。保信是工程師，過去雖然工作忙碌，但多半會回家吃晚餐，這對他來說是很重要的家庭時間；芙羽曾經是學校老師，但由於對孩子教育的重視，和先生討論後便決定留在家中全心帶孩子，現在是全職的家庭主婦。

結婚初期兩人關係很穩定，但孩子出生後，就開始一連串的價值觀衝突，逐漸導致最終雙方生活沒有多少交集。這對夫妻來諮商的半年前，基本上只剩下孩子的事情才會有所互動，比如聯絡簿上寫著要帶什麼、隔天誰接送孩子等交辦事項。

他們會預約伴侶諮商，最主要的原因不是爲了改善兩人的關係，而是他們目前連共同合作當父母都出現困難，特別是對於孩子的教養有很不一樣的看法。

保信的成長過程中沒有受到太多拘束。由於父親很早就離世，他和媽媽因爲相依爲命而關係相當緊密，但是媽媽也並未在課業和學習上給他什麼壓力。因此對保信來說，給孩子最好的教育就是讓他們享受童年的生活，未來如果想讀書，再回來努力也不遲。

然而，芙羽很不能接受這種「放養」的方式，也不認同婆婆覺得沒必要送到私立幼稚園。因此芙羽跟先生和婆家，針對孩子的教育發生許多不愉快。雖然保信覺得太太把孩子逼得太緊，不贊成她的做法，但因爲自己工作時間很長也相當忙碌，所以有時會退讓，把孩子的事情交給太太決定和處理。

表面上雙方看來是對孩子教養問題有著價值觀落差，但在我的經驗中，這個衝突僅是夫妻雙方陷入惡性循環的議題之一。找出核心的關鍵，才能有效解開這個互動循環。

「我看到你們面對孩子的教育時，價值觀很不一樣。當你們發生問題時，都怎麼處理啊？」從夫妻雙方爭執的議題著手，藉由瞭解彼此如何面對不愉快和爭執，可以幫助我評估他們的關係怎麼變得疏遠，以及衝突中究竟發生了什麼事情。

「你說啊！你不是有很多怨言嗎？好像我欺負你一樣！心理師在這邊，你要不要把跟朋友抱怨的事情跟心理師說一遍！」芙羽激動地說。

「講到這件事讓妳看起來滿生氣的，妳觀察到先生會在背後跟朋友抱怨你們之間的事，是嗎？」

「對啊！我們會約諮商，也是因爲那天他請我幫忙找資料，我無意間在他的通訊軟體上看到他向朋友們抱怨我做事情很強勢，好像我欺負他一樣。他有什麼不滿大可跟我說，我們可以討論啊！爲什麼要說得彷彿我很不講理！你要不要把你傳給朋友的簡訊給心理師看？還是我們回去截圖傳給他看？」

如同很多發生激烈衝突、累積多年恩怨的夫妻，一講起話就像機關槍的子彈，在諮商室中咻咻咻地不斷飛來飛去。但是**「讓子彈飛一會兒」，不適用於激烈衝突的夫妻，因為這只會對關係帶來更大的破壞和傷害**。

正當我準備協助調節一下諮商室中的氣氛時，另一頭傳來一句：「好啦！好啦！妳冷靜一點！」

先生說話了。

保信打斷芙羽後，一臉無奈地對我說：「我不是要跟朋友說她的壞話，我不是這個意思。只是覺得這麼多年了，好像事情不是照著她的方式處理，她就會很激動、很生氣，讓我不知道怎麼跟她討論。我沒有地方說，只是想要找朋友講講。」

「你們倆好像很難開啓一段有意義的對話。決定或處理事情的方法不一樣，似乎也讓你有點挫折。」回應保信的同時，我瞄了芙羽一眼。看她還在氣頭上，這時候安撫一下太太的情緒，對後續的諮商歷程會很有幫助，於是我轉頭對她說：「可是我也懂，比起他跟別人抱怨妳、讓妳心裡受傷，或讓別人對妳留下不好的印象，妳寧可先生直接把不滿告訴妳！」

「是啊！我眞的很傻眼。孩子的事情都是我在處理，你整天就是忙工作。我只是在孩子的教育上有自己的堅持和想法，有必要這樣說我嗎？」芙羽對著保信說，接著轉向我：「他跟好幾個朋友說我經常無理取鬧跟不講道理耶！」最後她又對著保信丟下一句話：「你才是媽寶和永遠沒有肩膀的男人！」

看起來，芙羽對於保信和朋友訴苦這件事很受傷，但她也同時採取激烈抗議的方式來表達自己的受傷和不滿，而且攻擊的力道看起來還是很強。

「先生和朋友說這些眞的讓妳好氣。我在想，妳的氣好像跟他沒有顧及妳的感受和面子有關，但我也聽到妳的氣背後有份悲哀，經常覺得自己一個人。」回應太太後，我對他們說：「每次當你們快要吵架，或是已經像這樣吵起來、出現略有攻擊性的話時，你們怎麼辦啊？」

「我會想要出去抽根菸，或出去走走。」保信幽幽地說。

「對！他就這樣離開！你什麼意思？請問這是什麼意思？」芙羽瞪大雙眼看著我，

接著說：「這樣可以解決問題嗎？」

我想這是他們夫妻倆經常採取的互動方式。爲了避免他們在諮商中又用相同的方式吵起來，我打斷芙羽然後轉向保信說：「我想你之所以這樣做，應該有你的道理吧？」

「是啊！」保信無奈地說。

我想這是個澄清的好時機，於是問太太：「妳有聽他說過嗎？妳知道他這時候爲什麼想離開一下嗎？」

「不就是想逃避嗎？還能有什麼原因？」

「我想在一些情況下，或許先生眞的想要逃離這場衝突，但如果有機會瞭解這個行爲背後有什麼想法和考量，妳會想多知道一些嗎？」

芙羽雖帶著一點遲疑和不悅，但也向我點了點頭。

「所以方便讓我瞭解嗎？我想你會抽菸和出去走走，應該有你的考量和道理。」

「我不想跟她吵架。」保信說完這句話後，停頓了三十秒。接著，他嘆了一口氣後繼續說：「不該是這樣的……我們的婚姻不該是這樣的！事情其實都可以好好說，眞的不用口氣這麼差，也不用把我當敵人一樣，我……」

可以感覺得出，要不是長年累積的怨氣導致太太情緒激動，要不就是曾經發生什麼重大的事情，讓彼此本來還算穩定親近的關係變了樣。

太太前面提到的「媽寶」讓我有點好奇，於是我決定把這個線索撿回來探索，理解她爲什麼會冒出這句話。後來我才瞭解，這個家庭還存在著相當嚴重的婆媳問題。

在保信和芙羽相遇之前，才剛跟前女友結束一段論及婚嫁的六年關係，保信的媽媽也很喜歡這位前女友。兩人分手初期，媽媽百般勸說，希望保信可以挽回對方，但最終仍無法開花結果。

後來保信認識了芙羽，並在兩人交往幾個月後，他就帶著芙羽回家。和媽媽關係緊密的他，迫不及待想介紹自己的新女友給媽媽看，但媽媽的反應卻超出自己的預料之外。

很明顯地，媽媽並不認同兒子的新女友，交往期間也曾多次明裡暗裡拿芙羽和保信的前女友比較。甚至於在兩人婚禮當天都擺著一張臉，幾乎不給芙羽面子。

兩人原本談好婚後不與媽媽同住，但沒過多久，保信就因爲媽媽身體出現一些問題，和芙羽商議後決定接媽媽同住。

對太太來說，她不想讓先生爲難，因此同意先生的決定。

可是後來，有許多事情芙羽和婆婆意見不同，或是婆婆挑剔芙羽時，保信很少站出來替太太說話，總是要她忍耐、試著理解媽媽年邁的固執。芙羽努力對婆婆的反應睜一隻眼、閉一隻眼，不跟婆婆鬧翻，並偶爾盡一下媳婦的責任。

相安無事了一段時間，卻在半年前的一次衝突中，再次打破這個不易維持的寧靜。

女兒已經上小學，來不及調整，但芙羽認爲兒子應該上私立學校。除了覺得兒子比較怠惰，送到私立學校才會有比較嚴格的老師管教，她也覺得上私立學校，對男生的學習和未來的成就比較加分。

夫妻雙方本來已經達成共識，沒想到回家和保信的媽媽提起此事時，先生卻倒戈，跟自己的媽媽一起勸芙羽不要這麼固執己見。這時候芙羽心中累積多年的委屈一次爆發。但因爲芙羽太激動，保信站起來擋在太太和媽媽中間。

「這個動作讓我的心涼了一大截。」芙羽悲痛地講出這句話。

「當妳看到，妳和婆婆發生衝突時，先生站在妳們兩人中間，讓妳有什麼感覺？」

「那一刻，我知道他選擇了他媽媽！」

階段二：隱藏在追與逃背後的故事

這對夫妻之間，保信無庸置疑是逃避退縮的一方，太太芙羽則是追逐抗議的一方。

這段婚姻打從一開始，芙羽就覺得自己長期遭受婆婆不公平的對待。在爲了維持關係和諧，也不想讓先生爲難的情況下，她用呑忍、犧牲的方式換得和平。另一方面，身爲家管的芙羽，習慣主導家中的事物，也希望先生配合自己處理事情的方式，特別是有關孩子的決定。看到先生的做法和價値觀與自己不同時，太太就不耐煩，更指責先生的方法不對，也因爲對方不常關心家中事物，不相信他的判斷和決定。

保信多半是忍讓和配合，或是透過離開衝突現場來消化自己的情緒。但在自己堅持的事情上，他一表達自己的不認同，便會與芙羽吵起來。芙羽覺得不舒服的時候，他比較無法展現自己的同理和關心，甚至會不斷講道理，希望可以說服對方不要這麼固執己見。他會這樣做，是因爲不想讓屋簷下這麼烏煙瘴氣。保信害怕衝突，也覺得衝突會毀滅關係，寧可自己多忍讓一點，也不要讓雙方都生活在不開心、情緒張力過大的狀態中。久而久之，他自己也變得無奈，不知如何是好，更認爲自己就是需要配合太太才能息事寧人。這也爲之後的衝突埋下伏筆，當婆媳衝突發展到讓先生看不下去時，他選擇擋在雙方之間。

保信這樣做讓芙羽相當錯愕和驚訝，但隨之而來的是失望和委屈。似乎過去這些年她極盡忍讓婆婆的所作所爲、爲了維持關係和諧並且不讓保信爲難所做的努力與付出，不只先生沒有看到，還在最需要他站在自己這邊時被臨陣倒戈。於是，芙羽無法忍受時便會顯露輕蔑、嫌棄，讓先生覺得莫名其妙。保信覺得自己只是希望家庭和睦，卻被太太數落和攻擊。

保信之所以會想勸勸芙羽，並不是覺得太太的決定錯了，而是希望在孩子的教育問題上，她可以有更多層面的考量。不過保信這樣做的時機點，卻讓太太覺得被婆婆欺負時瞬間沒了依靠，既得不到先生的支持，還被反過頭來責怪。保信的沉默和息事寧人，爲芙羽帶來痛苦和孤單的感受。但是對保信而言，他會站在太太和媽媽之間，是想要排除場面失控的可能，也想避免太太的過度激動讓她和媽媽的關係搞得更糟。

於是，這對夫妻看似分別在吵孩子教養、和朋友說自己的壞話，以及婆媳之間的衝突，核心卻是：太太覺得先生對自己有很多不滿，寧可與他人同一陣線來攻擊和傷害她，也不願站在自己這邊關心她、爲她發聲；先生過於忍讓且缺乏溝通，導致他表達立場的方式讓太太相當錯愕與受傷。

「那一刻，我知道他選擇了他媽媽！」這句話道盡了芙羽在這段關係中的失望、委屈和孤單。似乎身旁總是沒有人可以依靠，甚至在她需要先生的時候，卻看見他站在自己的對立面。

一方失望委屈，一方無奈傷心，雙方在情緒張力強且長時間沒有辦法好好溝通下，存在許多對彼此的誤會，更缺乏理解彼此的意願，最終導致惡性循環產生。

接下來，不妨藉由下頁表格整理，梳理這對伴侶惡性循環的模式和形成的原因。

▶▶▶ 梳理惡性循環的模式與成因

男生	女生	
逃避退縮者	追逐抗議者	依附位置
• 最初：退讓、解釋 • 後來：向朋友訴苦、迴避、傳達不認同	• 最初：忍耐、配合、犧牲 • 後來：指責、數落、攻擊、不依不饒、要求	行為反應
• 希望太太可以放鬆一點 • 避免衝突 • 維持家庭和諧	• 澄清自己的想法 • 先生可以理解自己的犧牲和委屈 • 維持家庭和諧	行為意圖
• 妳很容易失控 • 妳氣起來就不講理、難溝通	• 你從來沒有看到我為婚姻做出的犧牲，還在關鍵時刻丟下我	對伴侶行為的解讀
無奈、不知所措	生氣、激動、錯愕	表層情緒
難過、為難	傷心、委屈、失望、孤單	深層情緒
不被誤會、不被嫌棄	可以依靠你、被理解、被尊重、被保護	內在需求

階段三：你是否也陷入這樣的關係——在最需要你的時刻，卻得孤軍奮戰

不同的婚姻階段有不同的難關，而孩子出生後，教養議題經常是夫妻關係的一大挑戰，導致此時也是離婚率的高峰期。此外，婆媳關係也是婚後容易遇到的婚姻問題，亦是伴侶諮商中常見的議題之一。當先生無法在媽媽與太太間扮演合適的角色，便可能使婆媳問題成為未爆彈。生活中大大小小的事情累積下來，也會讓衝突越演越烈。

婆媳問題的狀況，正是喚起依附系統三大情境中的「關係受到威脅」。心裡不舒服，會本能地想依附身邊親近的人，冀望獲得對方的理解，也為自己發聲。

如果你也在這樣的情境中，可能會覺得自己是被另一半「犧牲」的戰友。本應兩人一起面對的事情——可能是婆媳問題，也可能是工作轉換期的不適應，甚至可能是孩子的照顧分工——卻在需要另一個人幫忙時，長期地或忽然地被忽略。此時的難過和失望，可能使你心灰意冷，也可能使你得獨自奮戰，因此透過抗議、保持距離等方式來處理心中的感受。

追逐抗議者往往在關係中比較需要對方，但有時他們也會收起依靠，自己來或「離開」。原因有兩種：一種可能真的是創傷後的反應，心灰意冷下不願意再給對方機會；

另一種則是追逐抗議者典型的用意，希望透過離開讓另一半正視問題的存在，並期待另一半看到自己的不滿和失望後，可以回過頭來照顧自己的情緒和需求。

這個行爲做得太超過，有時可能會出現情感操控的情況，導致關係逐漸發展成不健康的狀態。

若你希望對方可以自己想辦法面對，或是覺得事情沒這麼嚴重，甚至有意無意忽略另一半的辛苦和努力，這些淡化問題嚴重性、站在另一半對立面的習慣與行爲，將大大損害彼此的關係，也會讓伴侶相當失望和孤單，甚至收起對你的感情。

最後，這樣的關係便會逐漸走向衰亡。

當渴望關係連結的人不再對自己有所期待，忽略問題嚴重性的一方才在某一刻突然警醒關係已生變，但這時候往往已經無法挽回。

▼關係中是否存在一些讓你覺得倍受威脅的情境？透過下面的活動，幫你整理出屬於自己關係的挑戰：

一、我／另一半曾經做過什麼事，讓另一半／我覺得孤單、感覺被推開？

二、我們曾經或現在正發生一些事情，讓關係出現挑戰？

三、我們的關係曾經或現在出現了什麼人，成為彼此衝突的因子？

階段四：擺脫惡性循環的重要關鍵——看見行為背後的意圖

跟這對伴侶諮商一段時間後，雙方的情緒狀態已經變得相對緩和。太太對先生的攻擊力道降低許多，先生也比較能夠理解太太過去在關係中受的委屈，和自己曾經的反應對她帶來的傷害與影響。

不過關係的好壞和諮商的進展總是起起伏伏。在一次諮商裡，雙方因為前段時間的一個爭執又發生不愉快。這時候保信出現不一樣的反應，這是在他們關係很緊繃時不會出現的動作。他說：「其實可以好好說，口氣真的可以不用這麼差，也不必把我當敵人一樣。我不想要我們的關係變成這樣，以前我們很好的！一次次的吵架，快把我們的感情都磨光了，我不想要這樣。」

對一個逃避退縮者來說，能清楚講出自己對關係的感受，真的相當不容易。

「當你看到關係中充滿衝突和不愉快，其實讓你心裡很難受，是嗎？」我問。

「對……」保信瞬間淚如雨下。

我用眼角瞄了一下芙羽，她從原本雙手交叉在胸口的姿勢，慢慢地轉向先生，先是嘆了一口氣，然後抽了一張衛生紙遞給先生。

正是這正向的舉動吸引了我的目光。對一個追逐抗議者來說，要停下有攻擊性的行爲，並用不同的方法互動，同樣相當不容易。

「妳看過先生的這一面嗎？」

「沒有。」

我對芙羽點了點頭，剎那間，我決定先攤開保信的感受，因爲芙羽沒有過度防衛或出現攻擊性，此時探索和體驗深層感受就不會太過冒險。我對保信說：「怎麼了？剛剛談到什麼讓你突然這麼傷心。」

「我們本來很好的……眞的很好！我很努力想要維持家中的氣氛，想要在她不開心時做點什麼，但我發現沒辦法讓她消氣的時候，我只能離開現場。因爲我覺得，好像是我的存在讓她這麼生氣的！」

「你爲了不要繼續耗損關係，所以選擇在衝突要引爆前離開。儘管你有很多話想講，但過去的經驗告訴你，只要講出自己的想法，就是吵架的開始。你沮喪、難過到不知道該怎麼辦，唯一想到的辦法就是離開現場，讓氣氛可以稍微緩和一下。然後遇到太太和媽媽之間的事情，我也感覺到你滿爲難的，而你想到讓兩人不要吵起來的方式，就是把太太架開，並希望太太體諒媽媽，不要繼續吵下去。」

過去，保信轉身離開、站在媽媽那邊，都讓芙羽感覺很差，因此這對夫妻都沒有機會相互理解，其實先生離開現場的行爲背後有個很重要的企圖：避免衝突的發生，不讓戰火持續延燒。而先生擋在太太和媽媽中間，更是爲了避免兩人的衝突越演越烈。因此，我的回應是希望讓夫妻雙方都意識到，**表面行為背後可能藏有一層用意**。

我接著說：「可是你也不曾想到，原來你的離開會讓太太覺得你丟下爛攤子，原來你看似想在婆媳衝突間扮演好先生的角色，卻讓太太覺得你丟下她和媽媽結盟，但你似乎沒有這個意思對不對？」

「對，我很想解決問題，只是不知道該怎麼做！」

「過去經常聽太太控訴說你不在乎她、婆媳之間你經常站在媽媽那邊而忽略她，可是其實不是這樣，對不對？我看到你很在乎她，也很懷念過去那些相處融洽的氣氛。」

這時候我轉向芙羽，把太太剛剛那個正向的互動帶進來。

「我剛剛看到妳在先生流淚的時候，抽了一張衛生紙。是什麼原因讓妳想遞這張衛生紙？」

「看到他哭，我其實也很難受。」

還記得很小很小的時候，家庭聚餐時爺爺剝了一盤蝦子在桌上，我一句「看不到蝦子」讓全家人嚇壞。後來經過檢查，才發現我的眼睛是天生的斜弱視，習慣用左眼看東西，導致右眼視力只剩下〇・一。過了好幾年「遮左眼」的生活（記得小學期間，同學們都笑我獨眼龍），才慢慢訓練回我的右眼視力，總算可以正常地看東西。

一旦習慣用左眼看世界，將少了右眼那一半的風景。

如果總在伴侶的行為中，看到對方那些只顧自己的自私面：「你爲了讓自己輕鬆一點，所以逃避面對責任。」「你爲了達到自己的目的，所以對我有很多要求和不滿。」**就無法看見彼此在關係中的行為，除了有「照顧自己」的面向，其實還有「維護關係」的那一面。**

有些行爲看似自私、討人厭，其實背後或許都有人們本能保護自己、保護關係的原因。就像芙羽和保信這對夫妻，先生的隱忍和退讓，是不想讓衝突繼續耗損這段關係；太太的追問和指責，是想讓雙方面對該處理的問題。

在關係還沒有「瞎掉」之前，還來得及訓練自己看見彼此反應底下「維護關係」的那一面！一旦能看見行爲背後的意圖，試著踏出擺脫惡性循環的那一步，再加上覺察和體會自己的「深層情緒」、看見自己推動惡性循環的行爲，便能爲彼此的關係，帶來不一樣的發展與結果。

2-5 爲什麼我不再是你的最愛？

——你我之間出現第三者

階段一：陷入惡性循環的伴侶

「如果不是五月四日看到那則訊息，我可能到現在都還被蒙在鼓裡。」倩婷閉著眼睛講出這句話。我看著她顫抖的雙唇，兩行淚齊刷刷地從眼角流下。

還記得第一次與這對面臨外遇衝擊的夫妻見面，是在某個寒流來襲的日子，外面的天有多冷，就可以感覺到妻子的心有多寒。

倩婷和安國在婚前便約定婚後先過一下兩人世界，皆是白領階層的他們，在結婚三年後覺得是時候迎接新生命的到來，於是在去年開始備孕。

然而，由於倩婷的職務調動，需要到中南部出差半年，加上新冠疫情影響，兩人的備孕計畫便往後延遲。

近期，倩婷覺得每個周末回到台北時，安國的互動變得比較冷淡。原以為是因為遠距離讓兩人的生活交集變少，就沒有多想。可是某次安國下樓拿外送餐點時，倩婷無意間看到陌生女子傳給先生的訊息。打開一看，倩婷的世界和為兩人勾勒的未來生活都瞬間瓦解。

難以置信的她顫抖地握著安國的手機，直到先生打開家裡大門。腦袋一片空白的她，用著不可思議的表情看向先生，用盡所有力氣擠出三個字：

「她是誰？」

事情發生在前一年年中，安國與外遇的女生相識。

他們會認識，是因為一件企業的合作專案。當時兩人同樣身為專案負責人，經常需要討論，相處沒多久就互生好感，並且一起相約吃晚餐或出去走走。

倩婷從未想過自己的先生會外遇，因此看到先生手機上的訊息時愣住許久。「我不敢相信自己眼睛看到的東西。我一直以為他跟我爸爸不一樣，沒想到結果居然是這樣。」她說。

靜默了幾秒後安國補充：「其實，我第一時間沒有全部講出來。過了一段時間後，太太看到汽車旅館的發票時，我才承認除了精神出軌，也跟那個女生發生過性關係。我沒有想要隱瞞她這件事，只是不曉得怎麼開口，這也是爲什麼我們決定必須來諮商的原因。因爲我覺得自己現在已經信用破產，說什麼她都不會相信，也覺得她不會原諒我了！」

安國舉起雙手用力地按住雙眼，似乎在阻止眼淚往下流，卻仍看到淚水刷刷地流過臉頰，滴答滴答地落下。

「妳什麼時候發現先生外遇的？」我問。

「年初的時候，大概三個月前。」倩婷淡淡地說。

遇到外遇或劈腿事件的伴侶雙方，在事件發生後的一段期間裡，通常會用自己的方式來解決問題。而我想在更深入討論前，能有更多資訊評估他們的關係，於是我問：「看起來事情發生至今已經一段時間了，這期間你們怎麼相處？怎麼處理這次的事情？」

安國接著說：「我知道自己做了一件讓她很受傷的事情，也知道我做錯事。但我眞的很希望可以彌補自己犯下的錯，然後重新建立她對我的信任感。我知道這很不容易，但我很努力，我也會盡力。我不斷道歉，也想了許多方法要修補我們的關係。她之前說蜜月旅行想去長灘島度假，後來因爲疫情都沒有成行，所以我就開始找資料想帶她去。只是疫情下仍有許多限制，所以還沒有眞的成行。」安國說。

這是進入關係修復階段時，許多外遇方會用來修復關係的方式，但十有八九會碰壁。似乎不管自己多努力，許多討好或想讓對方開心的事情，都沒有辦法讓另一半接受和原諒。外遇行爲被發現初期，有些用來修復關係的行爲，反而對關係沒有幫助。**心受傷了，不是正向的互動就可以蓋過傷痛，而是需要正視這個傷口。**

接著我轉向倩婷：「妳呢？我想這段時間妳過得很辛苦吧？」

「我氣壞了！但更多的是難以置信。我很想瞭解到底發生什麼事，爲什麼好好的關係會變成這樣？我眞的壓根沒有想過他會做出這種事情，我們認識快十年耶！」

「眼前的他眞的太讓妳震驚了！聽起來妳曾經很信任他是嗎？」

倩婷轉頭看了看安國，兩人對視沉默許久。

「我好像感覺到，妳看著他的眼神裡充滿了失望和痛心。」

這段時間，倩婷反覆看著先生和外遇對象的對話，透過不斷回溯訊息和質問，想瞭解事情發生的經過。她也想知道爲什麼兩人平時相處沒什麼問題，卻仍會發生外遇。對倩婷來說，這實在太意外了，所以瞭解詳情是她用來處理這件事的方式。

「她問我和這個女生的情況時，我幾乎有問必答，因爲我覺得她有權瞭解情況。可是我也很怕她這樣一直看下去，心情會被這些訊息影響，甚至造成更多傷害。我不想要這樣。」安國說。

「我不這樣做，不會曉得自己是不是冤大頭。說不定還有很多我沒發現的事情，我沒有自己查，你也不會告訴我。」倩婷反擊。

「我說了，我已經把所有醜陋的一面都給妳看了，也在妳面前打電話給對方切斷關係。這一切就是希望可以讓妳安心一些。」安國無奈地表示。

先生的配合並不代表可以讓太太用平和的心情來面對這個傷害，悲痛之餘，倩婷也經常懷疑先生所說的話，並且對他提出的說法有各種質疑的反應。

「我想關心一下。安國，是什麼原因，讓你選擇第一時間隱瞞跟外遇對象發生性行爲這件事？」會有這樣的行動，一定有他的道理。我需要知道，太太也需要明白。

「我覺得沒必要跟她說，是因爲我打從心裡不覺得自己會跟那個女生在一起。整段關係就只是因爲我心裡沒出口，想要有個人可以聊聊。所以事情曝光後，看到她的反應，我只想著讓外遇的事情趕快過去、讓傷害降到最小，不要再對我們的關係、對她造成傷害就好。」

如果不是被外遇方自己發現，外遇者不會真的據實相告。可能害怕再次傷害、可能害怕關係結束、也可能基於各種原因，安國第一時間未將情況交代清楚，二度破壞了太太對他的信任感，更加深修復這段關係的困難度。

因爲信任感的崩解，太太相當在意先生交待的來龍去脈是否屬實。我對太太說：

「所以這段時間妳就化身爲偵探，也對先生說的話大打折扣。儘管反覆查看訊息，我想也很難讓妳覺得『眼見爲實』，因爲妳沒有辦法確定還有沒有自己不知道的事情。妳明明已經看過『證物』很多次，每次看每次心都像再被利刃割過，但妳還是停不下來，深怕漏掉什麼沒留意到的蛛絲馬跡。」

安國接著說：「她剛知道這件事的時候，很明確地跟我說想離婚，因爲她覺得沒有辦法再跟我過下去。我很努力地想要挽回，所以才會提到要帶她去長灘島度假，希望重新建立我們的關係。」

這樣的方式對於修復關係往往是沒有幫助的，但身爲心理師的我，通常不會太快下定論。在伴侶治療中，透過另一半的回應，直接告訴對方這樣的行爲究竟有沒有效果，才能最直接貼近他們的情況。

「安國做這些來修補關係時，妳心裡頭有什麼感受啊？」我向倩婷詢問。

「我其實覺得有點諷刺……他外遇時就應該知道我會多難過，可是他還是做了……所以儘管那段時間他不斷求和，我卻不知道該用什麼心情面對他，我只能請他先搬離家裡，至少讓我先靜下來想一想。」

「我已經不知道還能做什麼了！」安國激動地說。

這是許多外遇方會出現的反應。一急起來，會希望有一帖萬靈丹，可以將對方的傷口撫平。他們的負罪感很強烈，卻也在彌補的過程中不斷消耗自己可以承擔的額度。

看著沒有盡頭的贖罪之路，安國的內心也相當不安，不曉得自己需要做到什麼程度、需要做到什麼時候，才有機會看到兩人關係得以修復的一絲曙光。

後來我再用了一些時間，瞭解外遇發生前夫妻倆的互動情況。

安國在前年升上公司主管後，職位的變動讓他有些不適應，一方面需要建立團隊的凝聚力，另一方面在面對老闆的要求和期待時，也爲他帶來一些不愉快和壓力。這段時間的他，常常不想待在公司，希望可以早點回家和太太吃晚餐，抱怨一下工作的情況。

由於倩婷的工作能力很強，人際應對也頗受周遭朋友們稱讚，再加上她曾經坐過安國現在的職位，因此當先生帶著滿腔委屈和憤怒回家時，倩婷就會告訴先生可以怎麼做。久而久之，當先生又因爲同樣的事情不滿時，太太就會表露出不耐煩的表情，並要先生考慮是否離職。

漸漸地，安國在公司遇到類似的事情就不太跟倩婷分享了。之後，倩婷到中南部出差時，安國便跟公司的一個女同事走得越來越近。

另一方面，倩婷在成長的過程中，曾眼睜睜看著父母因爲爸爸反覆外遇而不斷發生爭執，直到她出社會後情況仍沒有改善。看著心灰意冷的媽媽在這樣的婚姻中心碎、痛苦，卻又因爲沒有自主生活能力而離不開爸爸的窘境，她便和妹妹在心中默默發誓，絕對不會讓自己進入這樣的婚姻中，更不允許自己的另一半這樣傷害自己。

「看著他做出和妳父親一樣的行爲，這段時間妳怎麼過的？」
「我覺得自己的心，跟著他外遇的事實，一起死去。」

階段二：隱藏在追與逃背後的故事

在這段婚姻中，或許剛開始倩婷是追逐抗議的一方，安國則是逃避退縮的一方；但在外遇發生後初期，倩婷的追溯、質問，安國的息事寧人、隱藏，都相當符合他們原本依附位置會出現的模式。後來，安國爲了修補關係、爲了重建倩婷對自己的信任感，在關係中的依附位置則轉向追的一方，倩婷則因爲對先生失望，不想再讓自己受傷，而轉換成逃的一方。

沒錯，**與依附類型不同，依附位置是會隨著重大事件的發生而有所轉變的**。

這段關係可以分爲幾個階段：

外遇發生前，倩婷在關係中較爲強勢和主導，雖然沒有不講理，互動中兩人的意見卻較爲不對等。倩婷會提供安國工作上的建議，也會不認同先生自己做出的一些決定；安國則是對於自己不太有信心，也覺得自己在太太眼中沒有那麼好，甚至偶爾有被嫌棄的感覺。這使得安國最終在婚姻以外的關係裡，尋找可以傾聽自己想法、可以支持自己決定的對象，以便從中感受到肯定和支持。

外遇初期，倩婷透過像偵探一樣追問細節、反覆查閱相關資訊，確認外遇的情節和實際情況，好幫助自己做決定。儘管想避免復合後自己像媽媽一樣，傻傻地持續面對先生的外遇，一段時間後卻仍得知安國還是有事情瞞著自己。於是，她覺得自己兩度被騙，很難再相信眼前的另一半，也不曉得對方釋放的訊息什麼時候才是眞實的，便心灰意冷地想要結束關係。依附位置由「追」轉「逃」。

安國則是在一開始爲了避免關係衝突、安撫太太的激動情緒，選擇在修復關係的路上對外遇事件的全貌有所保留。隨後，安國試著道歉並表達懊悔，還想用各種方式修補外遇造成的信任感崩解。依附位置由「逃」轉「追」。

一方愧疚懊悔，想做點什麼來彌補和挽回關係；而另一方傷心失望，害怕再次受傷而不敢輕易相信或再給機會，最後形成惡性循環。

接下來，不妨也藉由下頁的表格整理，梳理這對伴侶惡性循環的模式和形成的原因。

梳理惡性循環的模式與成因

男生	女生	
從逃避退縮者轉變為追逐抗議者	從追逐抗議者轉變為逃避退縮者	依附位置
• 最初：配合、接受 • 外遇初期：隱忍、妥協 • 外遇後：道歉、承諾	• 最初：給建議、提醒 • 外遇初期：嘮叨、指責 • 外遇後：冷漠不回應、收回對另一半的關心	行為反應
• 挽回關係 • 重新取得對方對自己的信任感	• 保持距離避免再受傷	行為意圖
• 妳不會再原諒我了 • 做什麼都無濟於事	• 你現在回來只是因為歉疚，不是真的還在乎我	對伴侶行為的解讀
著急、不安	冷漠不在乎	表層情緒
愧疚、懊悔	傷心、失望、害怕	深層情緒
被相信、被愛、被接納、努力有效果	不被背叛、被珍惜、被理解	內在需求

階段三：你是否也陷入這樣的關係——外遇修復的糾結與傷痛

外遇的修復，經常是伴侶諮商中最具挑戰性的主題之一。外遇事件對關係的傷害為何會這麼強烈？從「依附」的角度來看，除了信任感遭到破壞，外遇事件會同時勾起人們的三大不安全感：

一、關係發生變化：經歷外遇衝擊後關係發生重大變化，雙方衝突可能增加，彼此也變得更加疏遠冷淡、不知道如何面對彼此，進而使得互動變得尷尬不自然、性行為發生次數也會減少，甚至抗拒發生關係。

二、不確定性提高：外遇之後，不曉得未來關係會有怎樣的發展和變化，不確定對方對自己的感情是否真實，更擔心給了二次機會後再次受傷，也不確定傷痛是否能有撫平的一天。

三、覺得關係受到威脅：另一半的外遇對象比自己優秀、外貌更亮眼，都會讓自己不安。外遇後對方想要結束關係，周遭親友的建議可能也會影響到對方的選擇，更不用說各種草木皆兵、秋後算帳和無限上綱的行為，都會威脅到關係。

這些情境都會提高對於依附的安全感需求，使得人們本能地出現許多想確認關係或保護自己的行為。

有些遭到背叛的人在外遇發生前可能是追逐抗議的一方，外遇發生後也延續原本的依附位置。因為各種不安全感的出現，有了追問細節、指責攻擊、監視查勤，或激烈、強勢地指責對方的行為。他們也會控訴自己多痛苦，進而要求對方給個交代，或限制對方的交友。這些都讓追逐抗議的動作變得有過之而無不及，強度可能也會因此提升。

但有些遭到背叛的人可能從追逐抗議的一方，轉變成逃避退縮的一方。

由於哀莫大於心死，為了不要再讓自己痛苦、不要再讓自己被欺瞞，在失望和心灰意冷的情況下，他們會選擇切斷情感的連結，或是直接結束關係；也可能在各種糾結和掙扎的情緒中，想著過去的好而捨不得、放不下；更可能因為各種現實面的問題，猶豫究竟是否要再給對方一次機會，卻也擔心對方會辜負自己的信任。

同樣地，外遇方也可能本來是逃避退縮的一方，習慣避談問題來減少傷害。但也可能在事件曝光後，轉為追逐抗議的一方，出現挽回對方和積極處理的反應。

如果你是遭到外遇或劈腿的人，請先記得，不管目前出現什麼樣的反應，外遇帶來的傷痛都不容忽視。也請相信自己，這些傷痛記在心裡，不見得是因為你想追究這些問題，也不見得是為了懲罰對方。許多時候，那個「忘不了」，自有忘不了的道理。

如果你是外遇或劈腿的人，不管是否要繼續留在關係裡，都請記得在外遇發生後必須走上這條修補關係的路。否則不忠事件和後續延伸出來的衝突，對雙方心理造成的傷害將會是一輩子的。

可是，這時候因爲你是社會眼光中犯錯的一方，很難在關係中保有眞實。爲了避免衝突、爲了不讓關係受到更嚴重的破壞，爲了避免被攻擊和評價，你可能會選擇說謊或淡化外遇的眞實情況，也可能隱瞞仍與外遇對象聯絡的事實，或者可能明明與外遇對象發生性關係卻向另一半否認，甚至可能發生過多次性行爲卻表示只發生一次，再不然也可能曾多次出軌但只承認被發現的那一次。

各種爲了避免關係繼續受創而選擇的隱瞞、保留，都可能在一次次的「曝光」後，一次次地破壞對方對你的信任。

或許你因爲想要避免事件的細節進一步傷害對方，拒絕回答問題或提供更多細節，遭到背叛的一方便會在這個時候更加懷疑背後有鬼、認定還有什麼見不得光的事情，導致他們需要追問得更加鉅細靡遺。

當外遇後的惡性循環持續一段時間，你開始覺得自己修復關係的心意被棄如敝屣，態度和行爲上就開始反映出心裡的難受和不平衡，使得本來就岌岌可危的關係更加雪上加霜，想修復婚姻的動機更加猶疑不定。

你覺得挫敗與無力，面對看似遙遙無期的修復之路，道歉、解釋、保證、彌補、討好等各種方式你都試過了，但這些努力的效果看來都微乎其微。有時候你可能不敢不努力，因爲如果連你自己都不努力的話，這段關係可能就眞的結束了；有時候你也覺得沮喪和難過，如果努力修復對方傷口的效果很有限，不曉得這條贖罪之路到底什麼時候可以走到盡頭。

那些無力感或不耐煩的語氣，或是拒絕再回應更多無止盡的質問，會讓另一半再次驗證你的不可信任，覺得**曾經的那些「好」，只是為了把人追回來而做的敷衍和贖罪的暫時表現，不是真心想要改變**。這會導致另一半變得更加激動憤懣、或是更加心寒。最後，雙方陷入無止盡的惡性循環中，越來越挫折，也對這段關係感到越來越絕望。

另外，劈腿或外遇後除了要修復兩人的關係，更經常要面對身邊知情親友的看法。這不僅僅是兩人關係的重新開始，也是自己和家人關係的挑戰。比如倩婷的媽媽知曉此事後，會如何勸告自己的女兒不要跟安國繼續走下去？雙方又該如何面對身邊親友的質疑和不看好的聲音？

▼▼▼你們的關係中是否正臨對外遇事件的衝擊？在決定要往修復關係這條路走之前，可以問問自己幾個問題：

一、你們是否願意一起為關係做出改變？如果願意，是否有改變的可能？

二、在外遇發生之前，你們的關係品質本來是如何的？

三、對方出現什麼態度和行為，讓你覺得能夠考慮走上修復這條路？

階段四：擺脫惡性循環的重要關鍵——看懂並接納自己與對方的依附需求

「我覺得，我們的關係就像是摔破的杯子，修復後可能也會有裂痕。」安國緩緩地說道。

「看著這個自己造成的裂痕，似乎讓你心裡有許多感觸。」我回應。

「是……」

「能說說你現在心裡的這些感觸嗎？」

「我覺得自己現在做什麼都是應該的。我很自責對她造成這樣的傷害，但我也知道自己好像沒資格說些什麼。特別是她要求看我跟對方的訊息時，我知道這會讓她很受傷，她每次看完心情也都很不好。我們其實反覆看了很多次。我不知道該怎麼辦，只能希望她不要再這樣折磨自己。她跟我說過，她想要把這些傷口牢牢地印在心裡，提醒自己不要輕易相信我，以免再被我背叛。我沒有想要干涉她的決定，但我不曉得這樣到底好不好……」

「唉……我的確想要記得這些事。」倩婷嘆了一口氣。

「怎麼說呢？」我想邀請倩婷繼續說下去。

「我不想要自己輕易忘記這個傷痛。我知道抓著這件事不放，我自己也很難受。可是如果不深深烙印在心中，我怕原諒了他，這件事就船過水無痕，好像外遇可以輕易被原諒一樣。所以我只能反覆看訊息、一直跟他吵架。」

「我想，當妳不斷提起此事，甚至是突然想到，儘管前一秒都還好好的，下一秒就會想要看對方的手機訊息。眞的不是妳沒事找事，而是心裡有許多複雜的感受，驅動妳做出這些行爲，對嗎？」

「對，我就是想看，我就是忍不住，我也不知道爲什麼！」

「我明白，其實妳心裡也不好受。面對這道傷口，你們兩人都站在自己心裡的裂痕前，不知如何是好。」

接著我對著安國說：「你用盡各種方法想要彌補和讓對方安心，因此她跟你要手機時都會直接給，希望她可以這樣一次次撫平傷口。可是你發現，好像並沒有辦法藉由這個動作重建起信任感，只能眼睜睜看著太太對著一封封簡訊落淚和嘆息，從原本的開心直接墜到悲傷谷底。你想告訴她不要看，這些訊息只是徒增她的難過。」

然後我轉向倩婷：「可是我知道，妳也很希望可以給先生一次機會，特別是看到他的反應和爸爸外遇後的行徑很不一樣。但要打開心房重新接納他，其實眞的很不容易，對不對？」

「對，其實我沒有不想給他機會，沒有不想努力重拾對他的信任感，不然發生這些事之後，我不可能還繼續跟他相處，更不要說願意跟他一起來諮商。」倩婷說。

「其實聽到這邊，我可以感覺到妳心裡有多掙扎和難過。妳曾經很信任自己的先生，儘管自己的父親慣性外遇，妳也從來沒有想過外遇會發生在自己的婚姻中。於是妳心灰意冷、妳不知所措、妳也痛心疾首。儘管這麼受傷，妳仍然很努力想要再給你們的關係一次機會，對不對？」

「對……我不想因爲一次的事件就判這段關係死刑，抹除他對我的好和照顧，但我好怕……」

「可以多告訴我一點，妳在害怕什麼嗎？」

「我好怕自己的決定是錯的。我的好朋友和媽媽都要我別這麼傻！」

「妳很掙扎，一方面很想相信他，另一方面卻也怕自己給他這個機會，到底值不值得、會不會再讓自己受傷一次。」

淚水在眼眶中不斷打轉的倩婷，對我點了點頭。

此時我在餘光中看到坐在一邊的安國，身體向前蜷縮，握起的雙手放在額頭上，全身顫抖著啜泣，然後擠出了三個字：「對不起。」

我知道，這次安國表達的歉意，將會不一樣。

對關係有強大破壞力的外遇或劈腿事件中，信任感是雙方最大的依附需求。要擺脫這樣的惡性循環，就必須改善關係出現變化、關係不確定性增加、關係遭受威脅這三大情境。

儘管發生這些事情，被外遇方是否仍感受到對方還在乎關係，爲做出傷害自己的行爲感到歉疚，並覺得自己的傷痛有眞的被理解；而外遇方是否有感受到傳遞的道歉和想彌補的心，能提供對方療傷的效果，以及做錯事情的自己，是否能感受到對方試著放下武器，自己能否獲得再次被接納的機會。

這時，不僅需要能夠看懂並接納自己與對方的依附需求，也需要看見彼此行爲背後的意圖，只要再加上覺察和體會自己的深層情緒、看見自己推動惡性循環的行爲，看似陷入困境的關係將能夠解套，甚至爲感情帶來不一樣的幫助。

2-6 如何看見關係改善的曙光？

——重新檢視這段關係的惡性循環

一旦有機會瞭解自己的關係如何陷入一段惡性循環的追逃爭執，便能夠發現惡性循環之所以得以推動，彼此確實都有一部分的責任。正視問題並承擔責任，同時爲自己和另一半做出調整，藉此減少繼續在關係中採用具破壞性的行爲策略與模式，才不會彼此都覺得對方是關係生變的罪魁禍首。

在我的伴侶諮商經驗中，只要彼此都能看見自己推動惡性循環的責任，便有助於改善越愛越錯的行爲，也可以減少爲了尋求安全感，卻讓另一半受傷、難過和生氣的情形。

整理自己的關係互動循環

前面四段故事帶著大家一起整理這些伴侶和夫妻的互動循環，相信已經幫助你越來越清楚這其中的概念，甚至能對照自己的關係，將互動循環描繪出個七、八成。

那麼，現在就透過一張表格，完整地寫下本身情感關係中的互動循環。對於認識自己的關係互動，將會相當有幫助。如果你正處於一段關係，可以透過回顧目前的互動來填寫；如果你剛結束一段關係，可以回憶在關係中後期的互動，並觀察這些互動最後怎麼導致關係結束；如果你有一段或幾段特別印象深刻的關係，也可以閉上眼睛回顧一下那段關係中兩人如何相處，以及如何形成一個互動循環。

▼▼▼請參考前四個故事的階段二，整理出你的關係互動循環。

如果你可以快速整理出雙方的資訊，代表你們的互動循環可能清楚且具體，卻也反映出你們已經很習慣用重複、相同的模式來面對彼此的不愉快和衝突，關係處在比較「僵化」的狀態。若是你還無法快速填好表格，或許是件好事！因為這可能表示你們的互動循環仍在變動，還沒有陷入惡性循環的困境。只要再細心觀察、再耐心應對，就可以遠離風暴的中心，享受平衡的依附關係。

伴侶	自己	
		依附位置
		行為反應（為滿足依附需求的反應）
		行為意圖
		對伴侶行為的解讀
		表層情緒
		深層情緒
		內在需求

在這一章，除了藉由四段故事看見惡性循環的影響，希望也幫助你理解關係中的惡性循環是怎麼一回事，並回頭審視整理自己的關係。

惡性循環往往都發生在雙方衝突激烈、找不到溝通方式、彼此既受傷又生氣的時候。這時可能會感到有點灰心和挫折，不太知道如何處理這樣的關係。不用說想回到互動良好的親密時刻有多困難，甚至連要減少一點衝突、減少自己的不耐煩和怒氣都很不容易了。這不難理解，因爲這時候雙方正處於一個「相看兩相厭」的狀態。

因此，要調整關係的第一步，就是從減少衝突、降低對彼此的傷害開始。接下來才有辦法好好分享、體會彼此的感受，並在最後放下武裝和防備，嘗試多靠近對方一點點。

這一章介紹了擺脫關係中惡性循環的四個重要關鍵：「覺察和分享自己的深層情緒、看見自己推動惡性循環的行爲與責任、看見彼此行爲背後的意圖、看懂並接納自己與對方的依附需求」。下一章，將更詳細介紹能夠具體幫助你我走出惡性循環衝突的方法，爲關係創造新的可能性與契機。

我們的愛，出了什麼錯？

情感需求程度的不同、
針對衝突的表達方式不同，
都不代表我們不相愛或不在乎。

一旦把這些不同視為對方的不好，
就可能對關係失望，
或產生自我懷疑。

CHAPTER 3

七個擺脫
關係惡性循環的方法

你的關係是否也存在如同前面故事般的追逃循環？它可能剛成型，也可能已經是陳年舊傷，只要一碰到生活中的各種議題，就會陷入無止盡的惡性循環。期待你跟著本章的內容整理和反思，瞭解究竟和另一半爭論的細節和事件中，什麼才是根源，並且停下無效，甚至是加深衝突和惡性循環的言語和行為。

唯有衝突能稍加和緩，才可以更清楚地看見雙方行為背後的意圖，以及彼此可能產生的誤解。只要能夠體會因誤解產生的傷痛，就能幫助自己探索互動中的深層感受與依附需求，並透過表達讓對方理解和感受「真實」的自己。當彼此都能看見自己在關係中推動惡性循環的責任、對方如何因自己而痛苦時，便有機會承擔起責任，為改變做出努力。透過彼此調整，讓追逐抗議的一方可以緩下腳步、減緩攻擊的力道；讓逃避退縮的一方可以重新投入、正視關係的問題。

這一章將會帶大家進入自己的關係，透過七個可以具體實行的方法，為關係注入活水和不一樣的可能性。這些伴侶諮商時心理師運用的方法，只要多加嘗試和練習，也能應用在你們的關係之中。但請記得，這七個方法是循序漸進的。當衝突還處於激烈狀態、彼此還有很多誤解，要體會並表達出深層情緒和依附需求，是既困難甚至有點冒險的。因此，邀請你循序一步步，慢慢整理自己的關係。

3-1 停止爭論細微末節，找出問題根源

伴侶間的爭執，經常會卡在一些重複出現的細節裡，例如生活瑣事與分工、另一半和他人的互動界限模糊不清或超出該有的分際、彼此不認同對方價值觀而爭論誰對誰錯。

追逐抗議的一方，經常會覺得另一半看不見問題的嚴重性，並且認為對方沒有一樣重視自己在乎的事情，以至於想要和對方爭論時，換來的卻是滿不在乎的態度和消極的回應。

逃避退縮的一方，則可能覺得對方老愛在雞毛蒜皮的小事上糾結、總是找麻煩和挑毛病，也認為這些事情沒有什麼好吵的。明明懶得繼續糾纏，卻總感覺對方窮追猛打，以至於感受到相當程度的壓力和窒息感。

結果看似總和另一半爭論不同的事件，卻都不見得有機會處理到核心問題。於是衝突與不愉快逐漸累積成彼此的怨懟與厭惡，影響著雙方關係的同時，也讓曾經的情愫跟著積

怨逐漸消失。爭吵芝麻綠豆大的小事，更是導致關係陷入惡性循環的致命傷。

以下是三種常見的無效細節爭論：

一、生活瑣事與分工

是不是和另一半吵架時，總是無止境地爭論一些已經討論過的話題？或是事後回想起來，總覺得到底爲什麼連這種事都可以吵？

在我多年的伴侶諮商實務經驗中，這些生活瑣事的爭執，多半是不滿另一半的生活習慣，或是對家務分工的期待與落差。此時，往往是一方忿忿不平地想要對方改變，並在反覆提醒和抗議中越來越生氣。好像不管講了幾次都沒有用，便不再有耐心，也不願好言相向；此時，另一方則覺得對方無時無刻都在挑毛病，好像著名繪本《威利在哪裡？》（*Where's Wally?*）一樣，隨時被另一半放大審視檢查，看看哪裡不符合標準、沒滿足要求，因此神經緊繃而難以放鬆。

我有時會笑稱這一切都是「擠牙膏事件」的各種變形。

夫妻和伴侶的衝突爭執點上，小至牙膏怎麼擠、小便完的尿漬到處都是、喝完的杯子到處亂放、回家後脫下的長褲如同兩根空心水管立在地板上、襪子門口一隻而廁所一隻、洗完澡後浴室積水沒刮乾淨，或煮個飯像打仗弄得亂七八糟；大至抱怨對方不做家事、看著對方忙進忙出卻仍像尊佛像供在沙發上無動於衷，或每次要對方幫個忙都要喚老半天，不然就換來不耐煩的臉色。

生活在一起，坦白說多少都會有各種互看不順眼的地方，或是自己很在乎但對方不覺得多重要的事。這些衝突，往往都不是由單一事件引發，而是雙方長時間累積下來的不滿。從一開始的好言相勸、偶爾碎念，到後來講不聽的發脾氣，以及不管講幾次都沒有太顯著改變的無力感。於是，某一方開始計較自己的付出比對方多，以及無論怎麼抗議都還是會重複發生相同的事情。

在這類型的細節爭執中，我發現看似大大小小的不同事件，其實重點都不在生活習慣該依照誰的方式，或家務分工多麼不平均和不公平，核心衝突點大致都可以歸類在：**我的感受是否有被重視、我的付出究竟值不值得**。

這時常聽到的抱怨不外乎：「為什麼我講的話你都當耳邊風？到底要講幾次你才會放在心上？才會重視我在乎的事情和我的不開心？」「你不重視我的感受，我還需要繼續付出、繼續做下去嗎？這一切眞的值得嗎？」

最後這個不被重視的感受，不是變成兩人的大亂鬥，就是變成對關係的失望，最終形成「付出一點都不值得」的結論。

二、關係界限的拿捏

另一個經常在婚姻諮商中聽到的問題，就是伴侶和其他人互動的界限模糊，或是與各種關係的拿捏不妥。

兩方的互動中經常覺得關係中擠了好多人：可能是因爲關係出現第三者、另一半和其他人的互動過於親密，也可能是婆媳問題，或塞進過多三姑六婆的意見和指指點點。

「爲什麼這個男生要傳訊息給你？」「爲什麼你跟這個女生去吃晚餐？」「那天一起去唱歌，爲什麼那個人跟你坐得這麼近？」這些經常也是落入無效細節爭執的一種衝突點。

依稀記得有對伴侶在諮商中的爭執點，是女方看到男友和女同事的訊息對話。前面看似是正常的公事互動，突然女同事沒頭沒尾地回一句：「下次有機會可以一起去吃這間好吃的餐廳。」於是，女方想起在交往初期，男友說要加班卻被發現和另一名女同事去吃晚餐，甚至還打卡拍照！儘管男友解釋對方是工作團隊的同事，當時剛好完成一個合作企畫，因此收工後一起去慶祝而已。

「她是誰？你們之前聊過什麼？爲什麼她突然提到餐廳的事？爲什麼你不劃清跟別人的界限？」種種質疑聲音不斷冒出，兩人因此針對各種蛛絲馬跡，開啓一段質問與解釋不完的循環。

另外有對和婆婆同住的夫妻。太太覺得婆婆總是挑自己毛病，一下說菜煮得太爛了不好吃，一下說碗盤沒有洗乾淨。自此之後，太太每天都會滿腹委屈地和先生抱怨，好像自己沒有一件事讓婆婆滿意。先生既不知道如何改變媽媽的行爲，又不曉得如何安撫太太，只能看似冷血地說一句：「好啦！妳就讓媽媽一下，把她的話當耳邊風就好！」最終，婆媳問題就成了夫妻之間的衝突點。

這些跟其他人有關的衝突，檯面上看似在爭執各種不同的細節，其實往往跟界限與安全感有關，以及關係中是否有考量到對方。因此，這類型的不愉快和衝突重點，都不是討論幾點幾分跟哪個同事到哪間餐廳吃飯，也不是細數婆婆有哪五件事情讓你覺得是在找麻煩，而是：**你是否理解和在乎我的感受、你做這些事之前是否有考慮到我**。

這時，常聽到的抱怨不外乎：「你是否願意多站在我這邊，替我的難受和委屈著想？」「儘管無法讓我覺得被支持，是不是至少能嘗試理解我的感受，並且願意爲我避嫌，或多做些什麼來讓我覺得你是在乎我的？」「當我被欺負、受委屈的時候，能不能讓我覺得你站在我這邊，是和我同一陣線的？」

這些不被滿足的**依附需求，如期待被理解、被在乎、被支持、被保護**，都是導致關係陷入惡性循環的最後一根稻草。

三、價值觀

再來還有一種會陷入細節爭執的常見情況：伴侶雙方爲彼此的價值觀開啓一場攻防戰。這可能包含教養方式、政治傾向、社會議題的看法與參與度，甚至是宗教信仰等。

有時，會因爲各自成長時形塑多年的想法而引發爭執。在不同的背景下長大，價值觀本就有所不同，多半沒有絕對的是非對錯，可是一旦彼此都不認同對方的某些價值觀，沒人願意退讓，甚至相互攻擊的情況也非少數。

以2-3保信和芙羽夫妻雙方的故事來說，兩人的價值觀落差就在於對孩子教養的想法。太太希望能爲他們的未來多做點籌畫和安排，以提升未來的競爭力，於是安排的課後活動都是學鋼琴、補英文；先生則希望孩子在童年時期多享受一些自由和探險的時光，因此想安排的則是野外露營等活動。

先生爲了避免太太的不認同或反對，甚至常常先斬後奏，先幫孩子報名和繳費後才讓另一半知道；太太則爲了不讓先生擅自作主，得知報名的課程之後，自行聯繫課程單位，取消安排。

於是兩人宛如諜對諜，陷入孩子的權益爭奪戰之中。

在這樣的狀態下，夫妻雙方似乎是彼此的敵人，因此沒有機會去理解和看見，或許這些安排都是各自爲孩子好的心意與考量。

與價值觀有關的爭執中，重點都不在於誰對誰錯，應該看見的問題和衝突核心在於：**你是否尊重我的想法，不會總是否定和貶低**。

這時常聽到的抱怨不外乎：「爲什麼好像總是要講到你贏才會停下來？」「我知道你有自己的想法，但能不能接受我的意見和你不同，甚至做出跟你不一樣的決定？」「當我們的想法不一樣，可不可以不要急著否定我的想法、拒絕溝通，甚至急著證明你的決定比我好？」

在價值觀的爭論中，內在深處經常出現的核心感受是：**希望被尊重、被理解、被認可，並且不被否定**。倘若只覺得對方總是爲反對而反對、不願意尊重不同的想法，就容易站到彼此的對立面。

究竟真正在吵什麼？

俗話說，魔鬼藏在細節裡，但如果伴侶之間的衝突都在爭論這些細節，往往沒辦法深入兩人關係中的問題核心，只看到表面上爭論的事件和話題。

吵架時的眾多事件與細節中，最需要思考一件事情是：**究竟真正在吵什麼？**

這一切需要練習。**試著放大爭論的視野，去看見爭執的過程中，吵的究竟是哪些核心感受？**核心往往是內在沒有獲得滿足的需求，心理學稱之爲「**未滿足的依附需求**」（unmet attachment needs）。同時也是關係中的刺激源，更是衝突和問題的根源。

追逐抗議的一方可以善用自身的敏銳度，去看見爭論的原因，再用合適的方式表達，協助對方理解自己眞正在乎的是什麼。此時，也可以揣摩對方當下可能正在經歷的內在感受，明白其出現的相應行爲及反應。

逃避退縮的一方則可以善用邏輯和分析能力，釐清什麼情境和細節容易導致關係的停滯，爲關係找到問題的核心。

回想自己的衝突經驗，可能會發現彼此經常爭論一些瑣碎的小事，逐漸磨損雙方的關係。這時，不妨試著塡寫下頁的這張表格，看見自己未滿足的依附需求。

能夠停下惡性循環的方式，就是移開放在事件內容和細節的視線，開始看見問題的關鍵與根源。

▶▶▶ 看見你的未滿足依附需求

你可以選擇自己反思和填寫，或是找另一半一起討論。左半部整理出自己和另一半經常吵架的細節、情境、事件和主題。右半部的爭吵核心相對比較困難，如果還不清楚這個概念，可以參考下方的「未滿足依附需求清單」，或是繼續往下閱讀，最後再回來填寫。

經常爭吵的細節、情境、事件、主題	你們真正在吵的是什麼？
如：相同的事情講過很多次，每次都要重新說一次：他總是忘記關廁所的燈、總是忘記我不喜歡吃海鮮…	如：希望他可以記得我提醒的事，讓我覺得有被他重視。

▶▶▶ 未滿足依附需求清單

- 有價值的
- 不被遺棄
- 被保護
- 努力被看見
- 被接納
- 被認同
- 不被看不起
- 有用的
- 能感到被愛
- 被渴望
- 被照顧
- 被肯定
- 被重視
- 被信任
- 不被怪罪
- 夠好的
- 有吸引力
- 被欣賞
- 站在我這邊
- 被支持
- 被關心
- 被依靠／需要
- 不被嫌棄
- 有影響力
- 不被拒絕
- 有安全感
- 被感謝
- 被理解
- 有掌控感
- 不被貶低
- 不是無能的

3-2 停下無效的行爲模式

看了第二章的幾個故事，可能會發現自己的伴侶關係也經常陷入同樣的追逃互動模式之中，如同漩渦般不斷打轉。此時，就是該**停下來好好檢視雙方是否已經開始用無效的行為，在處理關係的問題**。

不曉得在前頁3-1的表格中，是否已經整理出容易在關係中形成衝突的事件與情境？之所以有這些爭執，往往是因爲內在有個核心需求沒有獲得滿足，才會做出各種行爲來「獲取」和「滿足」這個需求。但遺憾的是，這些用來試圖滿足依附需求的方法經常是無效的，甚至還會爲關係帶來更大的傷害和困境。不妨回想看看，發生這些情境和事件時，自己都用什麼方式來處理問題？

比如說，覺得對方講不聽、自私、只顧自己的時候，你都怎麼辦？當你厭煩對方的嘮叨和抱怨時，你會怎麼做？不管是追逐抗議者還是逃避退縮者，往往都用各自習慣的方法來面對衝突情境。

逃避退縮的一方可能在對方碎念時，爲了不與對方正面起衝突，也不想讓這些話和情緒持續影響自己的心情，因此選擇左耳進右耳出，把對方的碎唸當耳邊風，忽略另一半的不滿。此時，這樣的逃避動作很有可能讓追逐抗議者覺得被忽視，因此更加生氣，出現反應更激烈的碎念、抱怨、抗議、指責或攻擊。

惡性循環形成的根源

安妮在關係初期，看到男友和其他女生的界限總是模糊不清，或許一開始還可以好好溝通、好好表達自己的不舒服。但是，若男友仍不斷在嘻笑打罵時碰觸其他女生的身體，或是對其他女生展現貼心舉動時，安妮心裡就會逐漸浮現「我好好講，卻仍未被你重視」的感受，可能讓她不再有耐心好好說，甚至氣男友沒有把自己的話放在心上，進而需要透過更激烈的表達形式，讓對方知道事情的嚴重性。

齊迪回家時，太太總是會與自己抱怨工作的煩悶，表達主管多麼無能和沒擔當。過去齊迪還會提供一些解決的辦法，甚至心疼太太在工作中的不如意、被主管捅一刀。他還對太太表示，要是眞的做得這麼不開心，要不要換個工作重新開始？然而對齊迪來說，聽太太訴苦了兩年多，卻似乎沒有讓她好過一點。於是，齊迪心裡逐漸浮現「好像不管怎樣說都幫不上忙，她只是想找人抱怨而已」的感受。因此，他決定扮演聆聽的角色就好，有時也會一邊看電視、一邊做自己的事情，一邊聽太太抱怨。久而久之，太太逐漸感覺到先生的「敷衍」，於是開始把氣發在他身上。然而齊迪感受到太太的遷怒，就更不願意也不知道如何回應太太的情緒，兩人也因此變得更加疏遠和冷淡。

安妮的激動和齊迪的疏遠及冷淡，都無助於關係的調整，也往往讓關係出現惡性循環，並且卡得越來越緊。

既然這些方法沒有效果，爲什麼過去仍不斷用同樣的方法來處理關係問題呢？答案其實滿顯而易見的，一來是**人們容易將自己過往原生家庭或情感關係經驗，帶到現在的感情中，以至於習慣用相同或類似的方法來處理現在的關係問題**；另一個層面則是，**這個方法曾經「相對」有效，或立刻見效，所以覺得一定要呈現某個強度和力道，對方才會有所改變，而加深了該方法的力道**。

因此，儘管這些方法是現在讓關係陷入惡性循環的罪魁禍首，仍令人捨不得放棄！

一旦無法隨著時間的變化或關係的變動，調整自己處理關係問題的方式時，就可能導致雙方都使用不當方式來應對，形成僵化的互動習慣。

或許沿用、複製了父母處理婚姻衝突的方式，覺得吵架或講出想法只會讓關係變得更糟，最後走向離婚的結局，所以學到：吵架不會解決問題，選擇閉口不談、自己忍耐消化就好。

也可能是過去的經驗讓人覺得，不把話講清楚，分手時才得知對方心裡明明累積很多不滿，自己卻沒有機會調整和改變結果，所以學到：如果不當下把話講清楚，關係會大受破壞，並且無法挽回。

這些過去發生的事可能讓人印象深刻，好像必須用某個方法來解決關係問題，否則會發生不如預期的結果。**最終卻陷入自己的魔咒裡，將關係的問題搞得越來越糟**。

發現慣性的傷害行為

現在，請停下來想一想：自己在面對關係衝突時，是否出現了習慣的行爲反應？**這樣做有助於減緩衝突、能幫助雙方增進親密的連結嗎？還是導致衝突出現越演越烈的趨勢？**回想原生家庭、過往與現在的感情關係中，自己是否有複製誰的行爲，或爲了刻意避免而出現相反的極端反應？這些方法曾帶來什麼好處與效果？又如何影響與傷害關係？

試著透過下一頁的表格，幫自己看到這部分，便有機會停下無效處理衝突的方式。

▶▶▶ 發現你的慣性傷害行為

			碎唸	拍桌子	**你會出現什麼行為？**
			當另一半總是把我的話當耳邊風	當另一半不斷跳針地責怪我	**你在什麼情境中會使用這個方法？**
			媽媽遇到不滿意的事情也會碎唸	爸爸在盛怒之下動手打我和媽媽／避免複製動手的情況	**這個方式讓你想到誰？讓你想避免複製誰的行為？**
			有時候講一講他就會去做	對方會停止讓我不舒服的反應	**這個方法帶來什麼好處與效果？**
			他會覺得我很煩	關係變惡化，他覺得我情緒失控	**這個方法帶來什麼影響與傷害？**
			調整自己的心態，用提醒或鼓勵代替碎唸	用適當的方式表達生氣，瞭解自己生氣的原因	**你覺得自己可以如何調整？**

▼▼▼常見的反應清單

以下是伴侶關係中常出現的行為與態度，幫助大家回想自己可能在關係中常出現的狀況：

- 解釋
- 拒絕溝通
- 抗議
- 抱怨
- 指責
- 挑剔
- 嫌棄
- 翻白眼
- 攻擊
- 離開現場
- 沉默
- 瞪大雙眼
- 嘆氣
- 發出嘖聲
- 挑毛病
- 翻舊帳
- 認錯道歉
- 討好
- 煩躁
- 沒耐性
- 批評
- 暴怒
- 懷疑
- 放空
- 敷衍
- 自我保護
- 委屈求全
- 順從配合

需求和期待本身沒有對錯，也都是合理的，只是這些用來處理和滿足自身需求與期待的方法，或許對關係有害，因此才需要調整。

處在不同的依附位置時，習慣的思考詮釋和反應就會有所差異，可能需要調整的部分也會有所不同。

屬於追逐抗議的一方，可能需要試著降低一點攻擊性、減少容易讓對方覺得壓迫的行爲。避免在吵架時用窮追猛打的方式，去表達自己的不舒服、不滿，更要避免想先發制人地拿到關係中的掌控權。該做的，應該是調整自己的狀態，並用適當的方式表達深層的感受與想法。

屬於逃避退縮的一方，則可能需要試著表達出自己的感受和狀態，讓另一半有所接觸，並體驗對這段關係的投入。避免因爲自我保護，所以衝突發生時什麼都不說，或設法用沉默停下衝突。該做的，應該是更有勇氣地分享內在感受，與對方連結。

一旦發現相同的反應已經逐漸加深衝突的惡性循環，追逃模式也越來越鮮明，就要停下來好好審視關係，確認兩人是否正在用無效的方式處理問題。若答案是肯定的，那就是時候換個方法了！

3-3 停下會加深衝突的言語和行爲

衝突，是每段關係幾乎不可避免的情形。然而，爲何有些衝突會不斷耗損關係，最終導致關係破滅；有些衝突卻反而是一種對話方式，可以使雙方不至於壓抑到最後直接結束關係？

研究指出，比起不會吵架的伴侶，會吵架伴侶的關係滿意度並沒有比較低。因爲他們會表達需求，懂得如何爭取和調整自己的期待。因此，**衝突是否會耗損或終結關係，其實跟吵架的方式是否具有破壞性有關**。

最難的是，不管在爭執的過程中或事後回想，都不見得有機會意識到自己吵架的方式是具破壞性的。

追逐抗議的一方，容易透過強烈的情緒反應，來爭取對方的回應和重視，甚至偶爾在衝突當下不計代價和後果，就爲了得到自己要的回應；逃避退縮的一方，爲了保護自己不受傷害，容易把他人拒之門外，但表面上看起來無所謂、沒有反應，而讓另一半覺得自己被推開。這些反應在關係不穩定的狀態下，都是具有殺傷力的。

因此，接下來需要幫自己審視：是否在平常生活的互動或衝突中，有出現破壞性言語和行爲。

心理學家約翰．高特曼（John Gottman）發現，吵架的方式是影響關係的關鍵問題之一。幾十年的研究讓他得出這樣的結論：最容易導致關係破滅的四種衝突模式分別是：批評、刻薄、防衛、沉默，合稱爲「關係災難四騎士」（Four Horsemen of the Apocalypse）！他提醒大家，如果在關係中不斷出現這四種模式，關係以失敗告終是遲早的事。

但這四騎士分別是什麼模樣呢？以下將詳細說明。

批評者，放大不滿

批評者（criticism）會指責對方所做的事情。

這裡指的批評、指責不單是抱怨對方「當下」的行爲，而是用各種方式放大對這些行爲的不滿，例如：「你總是這樣！」「我講的話你有聽懂嗎？」「你什麼時候主動幫忙過？」「爲什麼這點小事都做不好？」甚至是貶抑對方的人格特質：「你就是這麼優柔寡斷！」「我眞的沒看過像你這麼自私的人！」

或許說出口的是長久累積下來的不滿，也是在意的點，但是串起過往的舊帳、貶抑對方的人格時，便只是在發洩，而不是在溝通了！因爲這些批評，早已讓對方無心再聽進任何話！

此時需要練習的是，避免出現過度專斷的字眼，或是做出過度類化的結論，例如：「你總是……」「你不曾……」「你明顯就是……」。另一方面，可以試著表達自己的感受與需求，例如：「我相當無奈，因爲這件事我說過很多次，我很需要你的幫忙。」「我無法感受到你很重視我說過的話，這麼多次下來，我其實很生氣也很難過。」

刻薄者，災難之首

刻薄者（contempt）是四騎士之首，摧毀感情毫不留情。

刻薄者會用鄙視、輕蔑、不屑、諷刺、嘲弄、挑釁、訕笑和充滿敵意的方式表達自己的不滿，例如：「你也太不知道自己有幾兩重了吧！」「狗嘴原來還能吐出象牙！」「這種三歲小孩也懂的事你居然不懂，笑死人了！」「你媽生下你眞的是家門不幸！」

「我嫁給你／娶了你眞的倒了八輩子楣！」

以上這些話若再加上翻白眼、冷笑和咂嘴的嘖嘖聲，眞的像是拿著大砲在轟炸關係！

或許是眞的忍無可忍，所以口無遮攔；或許是眞的想一巴掌打醒對方；也或許這只是從過往關係學到的方法和習慣；甚至是無意識地讓這些態度和行爲充斥在自己的關係中。但是當關係中出現這樣的互動方式，已經不是溝通和相處，只是發洩、失控和找架吵而已，也會加速破壞關係，並且帶來更嚴重、更激烈的衝突！

此時需要做的，是停下那些貶低和諷刺的話語，在可能的範圍內保有一絲對另一半的尊重。若關係已經糟到無法將對方視爲伴侶，至少要視爲一個人來對待。

防衛者，提油救火

防衛者（defensiveness）在爭執時，往往認爲對方過度反應，於是開始進行自我保護。

另外，也有些防衛者想理性安撫眼中失控的另一半。有時透過解釋，有時是說道理，例如：「你也太大驚小怪了吧！」「你冷靜一點好嗎？」「有這麼嚴重嗎？」

這些話聽在對方耳裡，只會覺得是辯解和責備。防衛者認爲自己拿了盆冰水澆往過熱的另一半，殊不知是提油救火！以爲自己拿了個盾牌在保護自己，殊不知對方射出子彈，反而因這塊盾牌反遭波及，讓對方更受傷或更生氣。

此時需要練習的，是試著理解對方的感受和激動的原因，並且承擔起該負擔的責任。

可以試著指出對方的情緒，並傳達自己眞的理解，例如：「我知道你因爲我又再一次沒遵守承諾而生氣。」若是出現眞心不明白的情況，可以試著指出對方情緒後再表達想要瞭解對方的心意，例如：「我有感覺到你很生氣，但我有點不明白怎麼了，可以讓我曉得你在氣什麼嗎？這樣我才知道可以怎麼做。」

沉默者，放棄溝通

沉默者（stonewalling）在衝突發生後，會快速築起高牆並且放棄溝通。離開現場、關起房門、不發一語，都是沉默者會出現的反應。對他們來說，過往的經驗似乎提醒著自己，任何對話只會讓衝突越演越烈。此時多講多錯，最好明哲保身，免得惹來一身臊。

然而沉默並沒有解決任何問題，只會讓問題逐漸累積，更可能成爲一個人的習慣，總是沉默應對所有關係中的衝突！

此時可以調整的是：如果對方生氣和激動的當下，眞的覺得腦袋已經當機，那就冷靜片刻，讓自己休息一下；如果當下還有些心理空間處理此事，不妨先試著讓對方知道你的狀態：「我需要一點時間靜靜。」「我怕現在講，大家會吵架，讓我們彼此先緩一下，好嗎？」緩和自己的狀態，也緩和對方的情緒。

但千萬記得，這些表達不是幫助你逃避關係問題的緩兵之計，而是要幫助你開始練習回頭處理面對先前的衝突，和那個等候多時的另一半。

覺察，為傷害止損

通常比較會在追逐抗議方中看見「批評者」和「刻薄者」的樣貌，逃避退縮方中則比較常出現「防衛者」和「沉默者」的模式。不過這沒有絕對的分類，逃避退縮的一方也可能在氣憤下講出尖酸刻薄的話，追逐抗議方也可能透過解釋來防衛，或在心灰意冷下保持沉默。

以上的「四騎士」是否能讓人反思自己或另一半的某些衝突模式？有的話就太好

了！這代表已經踏出面對關係問題的第一步：「覺察」。

關係中若是經常不斷重複出現問題、問題常常無法解決，往往跟不曉得自己總是用破壞性的方式與另一半互動有關，更不用說控制、調整和改變了。開頭提到，吵架的當下或事後，都不見得有機會意識到自己的言行和態度，爲關係帶來多大的傷害和挑戰。所以，知道自己正在用這些方式跟另一半互動，才有後續調整的可能！

不管是追逐抗議或逃避退縮的一方，都可以透過覺察來爲關係帶來新視角，減少出現這些勢必會爲關係帶來毀滅性影響的互動方式。

接下來，不妨搭著「四騎士」的便車，參考下一頁的表格，反思一下自己是否也會在關係中做出對關係傷害性極強的行爲、言語或態度。也同時一起思考，自己或對方的哪些反應，容易讓彼此瞬間進入理智斷線的狀態。在兩人能互相多理解一點之前，最重要的任務就是不再繼續破壞關係，止損後才有進一步修復與靠近的可能。

▶▶▶ 停下破壞關係的行為

行為			
		沉默／在他很嘮叨時，我就故意把他當空氣	例如
		試著瞭解他嘮叨的背後，實際要說的是什麼？	可以如何調整？
言語			
		嫌棄／覺得他每次都做不好交代的事情，連泡個奶都弄得亂七八糟	例如
		以鼓勵代替嫌棄與指責。若真的做不好，要瞭解做不好的原因可能是什麼？	可以如何調整？
態度			
		翻白眼／當他提出很愚蠢的問題，或反覆問我講過很多次的事情	例如
		多發揮一點耐心，避免顯露出不耐煩	可以如何調整？

NOTE

完成這張表格後，可以翻到第二四〇頁，在「發現你的慣性傷害行為」中補上這部分新的角度與看見。如此一來，將能更完整地整理出自己的關係中，出現哪些不斷重複且讓關係陷入惡性循環的行為、言語和態度。

3-4 撥開關係中的迷霧與誤解

透過理解前兩章伴侶互動模式的概念、前三種擺脫惡性循環的方法，或許已經越來越清楚自己在關係中的依附位置。然而除了覺察自己的行爲模式如何推動兩人的惡性循環，另一個可以留意的，是兩人互動和溝通時，可能經常出現什麼誤會？

這一點，可以透過三個面向來做整理：**釐清彼此行為背後的意圖、整理雙方對情況的解讀，最後看見雙方對彼此的誤解**。

接下來，希望先透過維仁和宥瓊這對伴侶的故事，帶領大家理解如何撥開關係中的迷霧與誤解。

「原來你一直都很關心我？」

維仁和宥瓊是對交往五年多的伴侶，兩人皆已將對方視為步入婚姻的對象。然而大約半年前，因為公司縮編的關係，維仁被迫離開待了三年的公司。這半年來，維仁找工作並不順利，也因此陷入自我懷疑和憂鬱的狀態。大約兩個月前，宥瓊也因為前一個工作的壓力和工作緊湊程度，身心出現一些狀況，因而選擇離職。

兩人來諮商，是因為維仁覺得女友近期常生悶氣、不太理會自己，所以相當煩悶；宥瓊則是覺得跟維仁分享生活和工作的事情，常常獲得冷淡的回應而覺得不滿。兩人都認為現在的關係相當不健康，一方面男方的憂鬱和找工作的壓力使他沒有心力照顧女方；另一方面女方對於這段關係感到失落，也讓她不曉得如何繼續待在這段關係中。

雙方都想要調整現狀，卻找不到彼此靠近的方法。

在諮商中宥瓊和我分享了當時轉職的狀態，提到剛進入新公司的時候，發現面試時開出的條件與實際情況不符，企業文化也對新進員工相當不友善。但她礙於各種考量，只好繼續待在這家公司。

聽完後我回應：「聽起來，轉職時雖然馬上找到新工作，卻好像出現一些讓妳錯愕和不舒服的情況。」接著我轉頭問維仁：「你知道那時候的她經歷過這些嗎？當時她心情不好，你是怎麼看的呢？」

「我有感受到她心情不好，也覺得她很煩躁，所以想找我陪她出去走走或一起做一些事情。但我常常沒辦法陪她，因爲我自己壓力很大，也很混亂，覺得她可能受不了我的憂鬱和低潮，所以才逐漸懶得跟我講話。這是我第一次聽到她在那個公司裡發生的事。」維仁回應我。

在維仁的體會和解讀中，宥瓊不只在鬧情緒，也在怪他。

我接著說：「原來如此，所以你並不清楚她心情不好的原因，除了受到你較冷漠的對待外，還有工作的因素。」

「對，我眞的覺得她只是在生我的氣，然後更不知道怎麼跟她相處，覺得壓力有點大，所以想保持距離。」

我接著轉頭問宥瓊：「在這樣的職場環境中，是什麼原因讓妳不離職，也沒有讓維仁知道？」

我感受到宥瓊停頓了一下，然後淡淡地說：「因爲他已經沒有工作了。」

此時，我預期這是份很重要的資訊和分享，於是緊接著問：「可以多說一點這是什麼意思嗎？」

在宥瓊後來的分享中，我才瞭解原來她擔心維仁的憂鬱狀態，也擔心兩人若是一起沒有工作，就會沒辦法支應生活的開銷。因此儘管自己在工作中受到委屈和不平等的對待，仍然選擇待下去。另一方面，我也聽到宥瓊和我分享，她害怕在維仁狀態不好時表達自己的困擾，會加深他的憂鬱狀態；再加上過去分享自己感受的時候，沒有辦法從維仁身上得到期待的回應與安慰。因此，在眾多考量下，她選擇把這些難受放在心裡面。

這個照顧對方和呵護關係的心意，以及被藏在心裡深處的難過，在他們的對話中，宥瓊是沒有機會感受並表達出來的。因此，我決定把這個訊息更清晰地呈現出來給他們。

於是我回應：「我聽到妳之所以留在這份工作中，是因爲考量到兩人的經濟負擔和維仁的收入情況；而妳之所以沒有讓他知道妳在公司裡受到的委屈和難過，是因爲妳不想雪上加霜，在他已經爲了找工作如此煩惱和憂鬱時，再把自己的困擾放到他身上，再次感覺他無法適當地安慰和照顧妳。於是，妳選擇自己消化、自己處理。是這樣嗎？」

宥瓊看著我點了點頭。

「我看到妳點了點頭，好像同意我說的，這是妳這樣做的原因。」我說。

「對，我不想再給他壓力，所以能自己來的，我就自己消化和處理。」

在我協助宥瓊整理**行為背後的意圖**，並同時整理她**在關係中的傷心**後，我邀請她做一件事。

「我覺得這段話好重要喔！很多妳做的事情，其實都考量到維仁的感受，這對你們的關係是很重要的資訊。不曉得能不能邀請妳，用自己的方式跟維仁分享？」

宥瓊分享完後，我轉向維仁：「你以前覺得她在生你的氣，所以選擇冷處理，以爲自己給她時間消化自己的情緒。可是當你聽到她心情不好、需要你的時候，會因爲擔心你的狀況，吞下、隱藏自己的需求。爲了照顧你、爲了避免再次被你拒絕，所以選擇把話放在心裡頭，自己消化、自己努力。看到她這樣做，你的心情如何？」

維仁看了看宥瓊，再看了看我，抿了抿嘴唇然後說：「我覺得很心疼。」

維仁心疼宥瓊因爲顧慮到他的感受，沒有講出自己受的委屈和遇到的困難。在伴侶諮商裡，這是相當重要且珍貴的訊息。

於是我再次打鐵趁熱，向維仁發問：「我好像看到你眼眶有點紅紅的，有什麼觸動到你了，是嗎？能不能多形容一下，你心疼什麼？」

這時，維仁支支吾吾地講了一大段話。這是**逃避退縮方很典型的反應：儘管自己心裡有些感觸，但不見得能清楚地說出來，因為整理和表達自己的感受，可能是他們人生中很少有的經驗。**

維仁說的大致內容是：他覺得宥瓊在這份工作中受到這樣的委屈很不值得，如果有更好的機會，他很支持她離職選擇更好的工作。接著，他解釋在這個時候，自己的狀態並沒有糟到無法照顧她的心情。他之前以為宥瓊不想和自己講話，是因為受不了他的憂鬱和低潮，是在生他的氣，所以他也不太敢打擾她。

聽到這，我知道這是伴侶諮商師可以幫上忙的時候了。於是我稍微打斷維仁的話，並挑選出這段話中的精華與重點：「等一下！等一下！你剛剛講的這段話讓我好感動喔！你用自己的方式，表達出對宥瓊的心疼，而且我感受到你的眞心。你告訴她這樣不值得，而且你捨不得，捨不得她為了生活、為了你受這樣的委屈。這是不是你想告訴她的？」

我瞄到宥瓊，看到她眼眶泛著淚。我察覺這段話對他們而言很重要，於是停了幾秒讓這個情緒好好地浮現、細細地讓雙方體驗。接著我徐徐地對宥瓊說：「這段話，好像讓妳很有感觸。」由於我還不確定他們目前關係的狀態究竟是如何，因此不在此時從「這段話好像讓妳很感動！」的角度來反映。這些小細節，都是伴侶諮商中很仰賴治療師判斷的地方。

「對，我有點感觸，但也有點意外！」宥瓊說。

果然，宥瓊的反應讓我知道，因為過往關係的狀態，雖然這段對話很深刻，但還沒有到讓她「感動」的程度，也可能是她有體會到但不願意承認。宥瓊接著提到，她很意外維仁居然會這樣說、居然會心疼自己的處境。過去，她經常覺得維仁很難體會自己的心情，也往往沒辦法在她生氣和傷心難過時給予好的回應。更不用說，她從維仁過去的反應中，只感受到不理解、不回應。

這時候，我知道要促成這段關係有所進展，「路障」不是男方，因爲維仁可以提供相對正向的回應。於是，我決定多跟宥瓊聊聊，嘗試移除目前關係的路障。

我對她說：「我可以理解妳爲什麼有點意外。近期，妳總覺得兩人的關係淡淡的，也常常無法感受到維仁在乎妳、回應妳。」我接著說，「過去，妳以爲他是冷漠、不在意妳的，可是當妳有機會跟他分享，自己有多在乎、體貼他之後，從他的反應中聽到他心疼妳這麼委屈，妳有什麼感覺？」

宥瓊回應我：「我眼中的他，就是常常自己一個人悶悶的。有時候我跟他講話，他也不是很有興趣，更不太會主動找話題跟我聊。所以，我覺得他好像越來越不在乎我了。這時他突然說會心疼我，我突然……我突然……」宥瓊急促地喘了幾口氣，然後看看我，又看看維仁。

在這段對話中，可以看到維仁與宥瓊這對伴侶的行爲意圖與解讀：**宥瓊「以為」男友是疏遠、冷漠、對自己不在乎的，所以也想保持距離避免受傷；維仁「以為」女友是在和自己賭氣，便減少互動和對話來表達自己的抗議和不滿，也怕此時的打擾會讓女友更反感，所以採取冷處理好讓對方自己消化。**

這些在生活中因爲各種因素而難以明說、難以表達清楚的感受，透過心理師在諮商過程中的聚焦和反映，可以讓伴侶關係中的迷霧逐漸明朗。

宥瓊在這段對話中，解開了對維仁的誤解：「**原來，當你知道我難過、受委屈，願意安慰和支持我，而且是會在乎和心疼我的。**」男方也同樣體會到一件重要的事：「**原來，你做決定時會考量到我，你是如此替我著想，而我是如此粗心沒有留意到。**」

維仁和宥瓊的故事整理出許多重點，像是在關係中出現某些行爲時，背後通常帶著什麼樣的想法和意圖，雙方怎麼解讀對方的行爲，以及該如何看見雙方對彼此的誤解。接下來都將一一仔細說明，但這部分的整理會相對困難和複雜一些，建議挑選頭腦清晰的時間來做整理。

釐清彼此行為背後的意圖

在情感關係中出現的反應，有時候很清楚知道背後的原因，但也可能不見得總是能意識到自己爲什麼要這樣做。

發現關係有問題，或是發生衝突時，追逐抗議的一方比較積極主動**維護關係**，他們的行爲意圖經常是：希望獲得對方的關心和注意力，想要改變些什麼來讓關係更緊密、更有連結，並突破關係的困境。

他們覺得「只要生氣，對方就會改變」，所以會出現指責或要求的行爲。一旦發現這方法無效，就會採用各式各樣的策略（然而這些往往都是「不停追」的策略），以求改變現況、拉近關係。他們除了希望問題可以改善，也希望兩人可以共同處理問題，或對方能多用點心經營關係。有時會無意間走到激動、報復、懲罰、攻擊對方的極端中，自以爲情緒張力似乎要這麼大，才可能獲得關注與改變。

逃避退縮的一方維護關係時比較消極被動，行爲反應背後的用意，經常是**自我保護**、減少衝突，所以總是保持距離，以策安全。

他們不想發生衝突、不想被指責，只想逃避不愉快的感受，所以會沉默不回應、切斷溝通，或是壓抑和忍耐。當兩人的溝通越來越不順利，他們寧可抽離自己的需要跟感受來避免衝突，降低對關係的期待，也降低衝突發生的機會。

從宥瓊和維仁的例子中，可以看見宥瓊並不是典型的追逐抗議方。透過這個不一樣的例子，是想跟大家分享，並不是所有的追逐抗議者都很激動且外顯，不應透過單一的行爲反應，來判斷關係中的依附位置。

宥瓊對於關係的現狀感到不滿，一開始會想要解決相處之間的問題、表達關係中的怨言，也清楚知道自己需要被關心、被在乎，這些都是追逐抗議者的樣貌。儘管後來因為考量到男友的狀態，因此選擇壓抑自己的需求，但對於關係的失落，仍讓她時不時透露出自己的不開心。

舉例來說，如果單看「離家出走」這個行為，很像是「逃避退縮方」在迴避溝通、避免衝突。但如果是因為想要測試另一半對自己有多在乎，這代表想透過這個行為，替關係帶來改變、讓自己更被重視。那麼，離家出走測試自己的重要性，就會是「追逐抗議方」出現的意圖與反應。

因此，如果有機會整理關係雙方行為背後隱藏的意圖，就能更正確判斷依附位置，也可以找到相應的方式來回覆對方的依附需求。若是對方看似在迴避關係，內在卻是想要好好被關心、被照顧，可能就會因為不理解對方的想法和用意，因此產生誤解，進而用錯誤的方式回應。

不妨借用3-2〈停下無效的行為模式〉中，幫自己整理過的表格（第二四〇頁）。處理關係問題時，都是出於什麼樣的目的才做出這樣的行為？如果直接思考有點困難，可以試著從這個面向來省思：這些行為與反應，是為了「維繫關係」？還是為了「保護自己」？有些行為背後的意圖很清楚，只有一個面向；但也有可能一種反應之中，同時帶有「維繫關係」和「保護自己」兩個面向。

維繫關係：可能會用各種方式抗議、表達不滿，並且想要透過激勵、鞭策、要求對方改變，來獲得連結、安慰和保證；也可能選擇沉默來減少衝突，維持關係穩定。

自我保護：可能會想推卸責任，減少表達和溝通談話，透過隔絕、遠離等方式，減少被對方指責的機會，避免自己不舒服和受傷；也可能透過追問確認，避免自己被騙或再一次受傷。

填寫下一頁的表格時，可以問問自己幾個問題：你覺得自己這樣做，比如不理睬對方也不想回對方訊息、反覆提起外遇事件等，是因爲你：

一、希望得到些什麼嗎？回想一下這些行爲和做法背後，是希望得到照顧、感受對方的安慰、想看到對方改變，還是想得到什麼？

二、想告訴對方什麼嗎？回想一下這些行爲和做法背後，是你希望想要告訴對方：能不能給你一點空間？你還沒有原諒他？你心裡有多痛？還是想要提醒、警告、告訴對方什麼？

舉例來說，一個人爲什麼要一直提到過去發生的事情？是不是因爲心裡過不去？是不是想警醒對方不要再犯？會不會想要被安慰、被照顧？

一旦有機會幫自己整理行爲背後的意圖，將會更清楚知道自己爲何會這樣回應對方、爲何會這樣處理問題。

現在，已經分析出追逃雙方行爲背後的意圖。那麼，可以做些什麼來改善與調整關係呢？

追逐抗議的一方，需要透過前面學到的方式，審視自己的行爲是否眞的可以如實表達出這些意圖，還是傳達給對方之後卻帶來不一樣的結果和感受，甚至具有破壞性；逃避退縮的一方，則可以試著透過適當的方式傳達，讓對方能確實感受到自己做出這些反應的用意。

整理雙方對情況的解讀

人們很容易在關係的互動中形成自己的「關係濾鏡」，並透過它來看待和理解對方的行爲。在衝突當下，比較容易負向

▶▶▶ 釐清彼此行為背後的意圖（建議由①至②填寫）

① 你會採取怎樣的方式？	② 你為什麼選擇這個方法？你想得到或想告訴對方什麼？
告訴他做不好的地方	希望他可以改變和調整
離開現場	讓自己喘口氣，同時避免兩人越吵越激烈而自己講出傷害他的話。

解讀對方的行爲與意圖，如果再加上關係中長期沒有安全感、缺乏穩定的情感連結，又更容易負向解讀。

簡單說來，追逐抗議方在解讀另一半的行爲時，往往會感受到對方的自私和不在乎，覺得只剩自己在關係中付出和努力，較難看到另一半爲關係所做的努力，如忍讓、避免衝突等。

逃避退縮的一方，則會覺得另一半過度把注意力放在關係上頭，認爲對方都在挑毛病、找麻煩，更感覺自己在對方心裡是不及格的。他們容易因此在關係中感到窒息，好像被逼到牆角，總要給出個回應或答案，或是被要求滿足對方的期待。

當一段關係處於比較緊張的狀態，或許對方一個不經意的眼神，都會讓人覺得那是在翻自己白眼；或許對方一個不帶情緒的提醒，都會讓人認爲自己什麼事都處理不好，連這種小事都需要再三叮嚀。心理學家約翰・高特曼有個研究便提供了很好的佐證。研究人員透過單面鏡或錄影的方式，觀察伴侶之間的互動，結果發現，比起研究人員的觀察紀錄，關係不好的伴侶更傾向指出對方行爲背後帶有負面意圖。

記得有位女性朋友曾經跟我分享，她與先生住在南部的一幢透天厝，養了一隻拉布拉多犬。但近期有許多出於瑣事的爭執，似乎讓先生覺得自己經常被太太碎唸哪些事情沒做好。有次颱風天，她離家前囑咐先生記得關好門，否則狗狗跑出去的話會很危險。

這句聽起來簡單的提醒，卻讓先生瞬間爆炸，對她嘶吼：「妳到底是覺得我有多笨，這種事情都需要妳提醒？妳不要總一副高高在上，什麼都很厲害的樣子！」

她愣了許久。

就外人看來不過是個善意的提醒，在關係不好的夫妻之間，卻很容易被解讀爲惡意、嫌棄和挑剔。

這些都是針對關係的解讀，然而這個解讀有多少比例的眞實？又有多少比例的偏頗？人們是否因爲過往關係的狀態，形成一副長年掛在鼻梁上的有色眼鏡，總是因此得出不公平的論斷？

追逐抗議方在解讀伴侶行爲的意圖時，需要多加入一個視角：「他這樣做，除了自私之外，是不是還有其他用意？」逃避退縮方要加入的視角則是：「他做這些事，究竟因爲不安什麼？還是在爲關係、爲自己爭取什麼？」

透過加入不同的視角，來爲你們的關係平衡報導一下，才能更客觀地看見對方行爲背後，可能還有爲你、爲關係著想的一面。

▶▶▶ 解讀伴侶的行為

如果有機會像錄影機一樣回播近期關係中的衝突，對方的哪些反應留給你特別的印象？（建議由①至②填寫）

① 伴侶出現的行為	② 你怎麼解讀對方的行為？
跟我說，記得去倒垃圾，不要又忘記了。	他在「怪我」經常忘記跟我說過的事。

▶▶▶ 伴侶怎麼解讀自己的行為

同樣地，也可以自己推測或直接詢問另一半，你的行為可能會讓對方出現怎樣的解讀？（建議由①至②填寫）

① 你出現的行為	② 伴侶怎麼解讀你的行為？
詢問對方和過去外遇的女同事現在是否還有在互動和聯繫。	他可能覺得我又在沒事找他麻煩。

看見雙方對彼此的誤解

到了這個階段，相信已經逐漸整理出自己關係中的互動循環。不妨打鐵趁熱，一起來看看回應對方時，「對方的解讀」是不是和「你想讓對方感受到的」並不相同？

這裡可以分成兩個部分來進行整理和探索：

一、我誤解了對方哪些部分？

二、對方可能誤解了我什麼？

值得注意的是，人們容易出現一個盲點，在設想對方的行爲意圖時，會往「自私」的一面思考。也就是覺得對方只顧到自己，自動忽略對方「維繫關係」的意圖。

例如：當追逐抗議的另一半在指責和要求你時，可能經常只看到對方在滿足他想被在乎的需求，忽略了對方也在試著調整關係；換個角度來說，當逃避退縮的另一半沉默不語時，你往往只看到自己被忽略、被疏離，沒有看到對方也想要減少衝突，避免關係越變越糟。

可以問問自己幾個問題：

一、你選擇這樣做的原因是什麼（你的意圖）：可以想想自己希望從伴侶身上得到什麼？你害怕的是什麼？你想獲得肯定和支持，也想感受到被愛、被理解？還是你害怕失去關係？害怕意見不同就又要吵起來？

二、你這樣做可能會讓另一半怎麼想（他的解讀）：這樣的行爲反應，可能會爲關係帶來什麼影響？另一半會怎麼理解，會不會誤解你？以爲你是個歇斯底里、不講道理的人？或認爲你是冷漠、不重視這段關係的人？

此時，導致你行爲反應的本意，傳達到對方那邊卻不是這麼一回事，誤解將就此形成。

不妨交換一下角色，想想看：

三、當你看到另一半做出——行為或反應時，覺得對方可能想做什麼（他的意圖）：他是想獲得安全感？想被你安慰和照顧？還是想要避免衝突、不希望被限制和被動搖？

四、你會怎麼思考另一半的行為和反應（你的解讀）：看著對方之前採取的行爲、語言和態度，你原先怎麼理解這樣的行爲？

此時，你可能會出現誤解。對方或許想要避免衝突、想要感受到你的重視和回應，但在你眼中，可能只覺得對方是無理取鬧或冷漠疏遠。

舉例來說，太太看到先生年末的行程安排都是和朋友出去爬山、露營，就開始抱怨先生總是以朋友爲主；先生可能覺得太太常常限制自己的生活，不允許自己交朋友、不容許有自己的行程安排。但太太想說的可能是，希望先生可以多規畫兩人的活動；而先生這樣安排的原因，可能是覺得太太不喜歡戶外活動，不想勉強太太，因此選擇和朋友一起出去。

若在諮商中，太太出現這樣的反應：「對！我就不重要啊！已經年底了，你會安排自己的活動，但是你都沒有問過我，或爲了我們做一些計畫。」

這時，心理師若想幫助夫妻雙方澄清，就會說：「妳聽起來有些生氣，那股怒氣是覺得自己被忽略、覺得自己好像不重要，所以妳相當受傷，而妳想讓先生知道。妳告訴先生，他只會安排自己的聚會、自己的活動，都沒有想到兩人可以一起做些什麼（這是太太表達的重點，但同時澄清先生可能接收到的訊息）。妳這樣說的時候，並不是禁止先生跟朋友出去、不可以有自己的生活，而是他在安排活動時，有沒有同時想到妳，讓妳在他的生活中能有一點位置，是嗎？」

這樣的對話，不僅能反映出太太背後的渴望和隱藏的意圖，也可以同時反映出先生可能有的解讀與誤解。

不妨藉由下面的表格，來幫關係做點整理吧！

你的意圖 vs. 他的解讀（建議由①至③填寫）

① 你行為背後的想法和用意是什麼？（你的意圖）	② 你覺得他怎麼思考你的反應？（他的解讀）	③ 可能形成的誤會？
希望他可以多留一點時間給我，安排兩人的活動	覺得我在限制他的自由和跟朋友出遊的權利。	他覺得我是個緊迫盯人的太太、覺得跟我相處很有壓力。

他的意圖 vs. 你的解讀（建議由①至③填寫）

① 你覺得他真正的想法和用意可能是？（他的意圖）	② 你怎麼理解他的行為？（你的解讀）	③ 可能形成的誤會？
他可能想要享受一個人的時間，而且知道我不喜歡爬山，所以沒有安排我一起參加。	我會覺得他好像跟我出遊壓力會很大，所以在有選擇的情況下，他不會想要跟我一起，故意避開我。	他是因為不想和我相處，才沒有安排我們的旅遊，但有可能不是這樣，特別是想到他知道我喜歡海邊，會開車帶我去的時候。

為關係重新上色、重新詮釋

原來兩人的關係中，往往充斥著一些誤解，而這些誤會也成爲關係越變越糟的原因之一。

一旦能夠澄清彼此的行爲意圖與各自的解讀，就有機會釐清關係中到底發生了什麼事，替關係塗上一層不一樣的色彩。這在心理諮商中的專有名詞叫做「重新界定」（reframing），或翻譯成「重新定義」「重新詮釋」「重新視框」，也就是用新的角度來理解原本的事情，去看到爭執時沒有機會看到的深層意涵。

在伴侶關係中，可以從「依附」的角度重新看待彼此的行爲。透過諮商，心理師可以幫助伴侶雙方做到這個新的看見與澄清。如果有機會，也可以自己藉由這個方式，爲關係「撥雲見日」。

在激烈的衝突過後，緩和一下自己的情緒，可能會發現對方的行爲背後，有曾經沒有留意到的意圖。而這跟自己本來的解讀可能有相當的落差，也可能是過去從不曾想到的面向。

例如：原來對方不說話，是不想讓憤怒傷害到自己，而不是不想理會自己——這是維護關係的面向；原來對方不說話，是因爲難過而躲起來，也是因爲不想要表達之後還不被理解——這是保護自己的面向。

一旦能夠對自己、對另一半有比較多的瞭解，便可以對彼此更包容、更同理。因此，無論追逐抗議者或逃避退縮者，都需要爲關係重新框架、重新上色一番。

3-5 探索和覺察彼此的深層情緒

情緒是感知世界很重要的管道和方式。它不會莫名其妙地出現，一旦出現，一定是有刺激源、一定是有原因的，也往往跟前面討論的解讀有關。

情緒在關係中，更扮演著相當重要的角色，能爲關係的互動傳遞訊號。因此，意識與理解自己和伴侶的情緒，便是人人都需要學習的功課。

我們可以試著將情緒拆解成四個面向，幫助自己加以整理與反思。

你知道自己和另一半的感受嗎？

情緒的第一個面向是**「情緒覺察力」**。試想出現情緒時，是否知道自己有什麼感覺？是否知道這個感覺從何而來，又跟什麼有關？

〈你的分數〉

0 → 10

〈伴侶的分數〉

0 → 10

試著以零到十分，來替自己和伴侶的情緒覺察力評分。零分代表情緒覺察力很低，很容易忽略自己或對方的情緒、不知道對方在生氣，或否認自己的情緒；十分代表對情緒很敏銳，可能一點反應就會感受到。你們各自是幾分呢？爲什麼？

每個人的天線容易偵測到的訊號不太一樣，有些人比較容易感受到難過的情緒，有些人則能輕易接收到生氣的情緒。在家暴家庭中長大的孩子，對於生氣的敏感度就會很高。

情緒很奧妙，一般我們比較容易體會和表達出來的，常常是**「表層情緒」**（secondary emotion），然而像是**「深層情緒」**（primary emotion）經常較難接觸，也不容易感知。哪些類型的情緒是你自己比較能感知的呢？你感受到的是自己的表層情緒還是深層情緒？伴侶哪些類型的情緒是你比較容易接收到的呢？在這些情緒背後，是否有自己沒有留意到的深層情緒？

不過，情緒覺察和依附位置、關係互動有什麼關聯？

追逐抗議的一方通常比較能具體瞭解自己的情感與需要，情緒覺察程度比較高，也比較能表達自己的感受，儘管表達的方式可能不見得理想。他們比較常透露出生氣、激動、煩躁等明顯的情緒反應。

逃避退縮者對自己的感受則較爲陌生，他們不見得瞭解自己的感受和需求，也比較常阻斷自己的情緒，產生逃避和否認的反應。而他們傳達出來的表層情緒，比較容易出現無奈、冷漠、疲憊、不耐煩、麻木或否認，而否認和拒絕就是很好的防衛與自我保護策略。

在關係中，人們容易以「表層情緒」蓋過「深層情緒」，習慣將傷心、害怕、羞愧、孤單等感受壓抑到內心深處，改用如生氣、焦慮、麻木等比較有掌控感、比較有力量，或是比較不會激起過度反應的感受來回應刺激源。這樣的表層情緒比較容易被他人覺知，但也往往對關係帶來負面影響，或破壞關係。

為什麼動不動就生氣？

情緒的第二個面向是**「情緒承受力」**。

每個人能夠承受的情緒強度不一樣，就像心裡有不同容量的杯子，從手搖飲店中的大杯、中杯、小杯，到煮飯時的量米杯，或是小時候喝感冒藥的藥水杯。心理學中的情緒理論，有個稱之爲**「情緒容納之窗」**的概念，講的就是情緒承受力。新聞中，被按一下喇叭就拽著球棒要砸別人車子的那些人，情緒承受力可能就很低，出現一點情緒就會超出可以容納的範圍，導致「情緒脫窗」。

每個人對於不同的情緒，可以承受的量也可能不太一樣。可能較難承受傷心難過的情緒，也可能無法乘載生氣憤怒的情緒，這大多取決於成長的過程和生活的環境等因素。

不管是追逐抗議或逃避退縮的一方，情緒的承受力都很容易被「表層情緒」所淹沒，在情緒激動的當下出現戰鬥、逃跑或僵住的反應。因此，輕易就會出現「理智上知道對關係不好或有傷害」的行爲，卻無法控制自己。

試著幫自己回想：在情感關係或人生經驗中，有沒有什麼情境，或對方是否曾出現什麼行爲反應，容易讓你出現「脫窗」的狀態，也就是俗稱的「理智斷線」。如果有，不妨試著列出來並回想，爲什麼這特別容易成爲自己的地雷？另一半是否常踩進這個雷區？若自己的情緒承受力較低，對你的關係和伴侶的影響又是什麼？

情緒出現時該怎麼辦？

情緒的第三個面向是**「情緒調節力」**。

要擁有良好的情緒調節能力，需要兼具**「自我調節」**（self-regulation）和**「他人調節」**（co-regulation）兩種能力，可以依據當下的情境、對象和目的，選擇適當和彈性的情緒調節策略。

如果可以在關係中擁有安全感，比較可能發展出合適的情緒調節能力。然而不管是追逐抗議或是逃避退縮的一方，情緒調節能力都相對有所極限，宛如用手遮住一隻眼睛，無法發揮百分百的功能。

一般來說，逃避退縮的一方較擅長使用「自我調節」的策略，面對情緒激動的關係、出現不安全感的時候，會自動化地透過躲起來、自己消化處理的方式來因應；追逐抗議的一方則較擅長使用「他人調節」的策略，遇到危機時，傾向透過尋求他人的安慰和照顧，來緩和自己激動的情緒。

良好且具彈性的情緒調節能力，足以幫助我們將情緒激動的程度維持在「情緒容納之窗」內，這能夠讓我們維持正常的大腦認知運作功能，藉由正確地判斷情勢來減少失控的反應發生，但當我們無法透過有效的情緒調節策略來因應當下的情境，就較容易出現無作爲的反應，或出現後悔、失控的行爲。

與另一半分享心情

情緒的第四個面向是**「情緒表達力」**。如何將自己的感受，如實地讓另一半感受到，而不充斥各種表層情緒，是相當不容易的。

每個人在「天生氣質*」上，對於刺激源都有不同的「反應強度」。反應強度高的

註：兒童心理學家透過研究，歸納出人類自出生起就有九種不同的「天生氣質」，其中包含活動量、規律性、堅持度、趨避性、堅持性、反應閾、反應強度、適應性和情緒本質。若對這九種先天氣質感興趣的讀者，可以參考 High 媽心理師的著作《不溫婉又怎樣?崩潰媽媽一樣愛出暖兒子》。

人，會外顯自己的感受，難過、生氣、煩躁的反應都顯而易見；反應強度低的人，則經常讓他人搞不清楚心裡的感受，看不出平靜表情底下可能相當緊張或快要爆炸。

一般來說，追逐抗議的一方相對容易有較高的反應強度，但反應出來的往往是表層情緒，他們也可能說不清、道不明自己的深層感受；逃避退縮的一方則容易有較低的反應強度，不管是表層情緒或深層感受，都藏在心裡。

如何以適合的方式，將這個情緒表達、分享給另一半，便是最後的重要環節。

建立親密連結最好的方式，就是分享彼此的脆弱與感受，但我們往往很難在關係中做到這一點。一方面是因爲不習慣，另一方面則是激烈衝突的當下，不確定分享這些感受是否安全。唯有保留自己的感受，脆弱的自己才不會暴露在伴侶面前，更能避免被對方否定、不認同，甚至是攻擊。這部分會在3-6用完整的篇幅來進行更仔細的說明。

藉由瞭解情緒的不同面向，便能幫助自己長出一雙偵查的眼睛，明白這些情緒背後的刺激源是什麼，也能知道面對關係的問題時，爲什麼容易以激動、指責、迴避和冷處理的方式來回應。其實這往往代表，關係中兩人的情緒已經超出容納之窗，無法再承受這樣的狀態，更無法自動調節，讓正常認知的功能加以發揮。

情緒「脫窗」

「他到底憑什麼這樣要求我？他媽媽怎麼對我的，難道他都忘記了嗎？」一位太太突然在諮商中大聲地說。

伴隨著她的呼吸聲，諮商室當下的氣氛到達沸點。

我可以理解她爲什麼突然激動地說了這句話。這對新婚不久的小夫妻，幾個月前才剛面臨了問題：婚禮當天，婆婆在眾多賓客和親友面前，嫌棄他們訂的餐廳與餐點不合她的胃口。想要中式傳統婚禮的婆婆，不能接受小倆口選擇西式的餐廳。這件事發生之後，先生跟婆婆起了很大的衝突。婆婆自知理虧，儘管她認爲媳婦過於小題大作，但也覺得自己當天的反應不妥，因此釋出善意想做點什麼，不過自從婚宴後媳婦就避不見面。

因此，先生三天兩頭就說服太太，表示媽媽已經有所醒悟和改變，希望太太不要把氣氛搞得這麼僵，日子總要過下去。

我對太太說：「事情才發生沒多久，要妳現在回去面對婆婆，那個在你們最重要日子當天破壞氣氛、讓妳沒面子的人，似乎眞的有點強人所難了。所以妳眞的很氣先生動不動就說服妳，媽媽已經不一樣了，對嗎？這眞的讓妳無法接受！」我試著安撫和調節太太的情緒，並接著轉頭問先生，「你知道自己希望緩解關係氣氛的邀請，看在太太眼裡，是這麼有壓力、這麼讓她不舒服的嗎？」

「我知道。」

「現在你有什麼感覺嗎？」

「我沒有什麼感覺。她就是這樣，人總要踏出第一步啊！一直這樣心情不好也不是辦法。」

逃避退縮的一方，在另一半情緒激動時，容易出現這樣經典的反應——隔絕情緒、講道理、逃離有情緒張力的情境。這是他們用來調節情緒的解方，但容易帶給伴侶冷眼旁觀、站著說話不腰疼和不被理解的感覺。

從這段對話中，可以看到這對夫妻的對話都停留在表層情緒。

太太表現得激動、生氣，不諒解也不滿先生的反應，同時控訴先生的做法讓她覺得多荒唐；先生表現得淡定、無奈，同時講起大道理，希望太太不要這麼堅持、放下一點身段，給了一些建議，但對太太來說只覺得先生想要息事寧人。

於是我協助他們看見與體會，在這起事件和兩人互動底下，雙方的「深層情緒」。

先生的解釋太太聽不下去，便逕自打斷：「我真的不曉得，爲什麼他覺得這件事能夠就這樣過去。我不是不知道婆婆已經反省了，我也不是故意要找碴或擺什麼架子，我只是希望他可以理解我。」

「理解什麼？理解妳其實很受傷、很不被尊重，是嗎？」

「對。」

「我懂！好像每次他提醒妳、說服妳的時候，就會讓妳覺得他不懂妳有多受傷。除了當天發生的事情，我猜先生的反應其實更讓妳覺得沮喪，好像他不能體諒妳的難過和痛苦。」

太太點了點頭。此刻，我知道太太已經比較跟得上我，也能夠碰觸到自己較為脆弱的心情，於是我轉向先生，希望讓兩人的情緒比較靠近和平衡。

「不過我也懂你，雖然有時候你看起來很像『啦啦隊』，但其實是有看到她心裡很難受的，對吧？所以你想幫忙，想做點什麼來讓太太心裡好過一點，不過很遺憾地卻經常弄巧成拙！」

先生低下頭，嘆了一口氣。

「怎麼了？我聽到你嘆氣，是有點沮喪嗎？」

「對……事情已經發生兩、三個月了，我夾在媽媽跟老婆之間，也不知道該怎麼辦。」

「是啊！其實這樣的處境讓你很為難。老婆希望你不要催，讓她慢慢消化這些事情；媽媽希望你從中搭起橋梁，修復家裡的氣氛。這兩件事都不容易，而事情這樣卡住這麼久，難怪你會沮喪，不知道該怎麼辦。」

這對伴侶從一開始太太的憤怒、爆炸，與先生的無奈、不耐，到後面太太開始接觸到一點自己的受傷和難過，先生也可以體會到自己的沮喪與挫折。

體會並接觸情緒，能夠幫助我們經驗到自己眞實的深層情緒，而這往往比較脆弱，卻也能讓彼此變得較爲容易靠近。建立關係連結最好的方式，就是彼此分享脆弱無助的心情。

在他們倆情緒都比較緩和，同時跟上諮商的進展並減少對彼此的怪罪後，我對太太說：「如今妳仍會想起婚禮當天的情境，又常看到先生爲難且不知所措地想要說服妳，希望妳釋出善意時，妳有什麼感覺？」

「我覺得好像只剩自己一個人在面對這次的事情。我不曉得他懂不懂我的痛、我的感覺，還是他就是放我在那邊自己獨自包紮傷口！」

太太的這段話，沒有很明顯的情緒用詞。可是儘管沒有講出情緒，都能感受到她的孤單。

「我聽到這時候的妳，會感覺自己孤獨一個人在面對、覺得他不在妳身邊，不懂妳、不陪妳，這讓妳有點孤單，是嗎？」

太太點了點頭。

「妳能跟先生分享這個孤單的感覺嗎？」

先生聽完太太的分享後，對著我和太太說：「我其實完全沒有要妳自己去面對的意思。有時候看著妳盯著婚禮當天的照片落淚，我也覺得很不捨啊……」

這對伴侶剛新婚不久，情感連結還很深刻，諮商中不用費太大的力氣，他們就可以出現這種感人、願意照顧彼此的對話。

我接過他的話：「是的，其實你懂她的難過、也懂她的傷痛，對嗎？所以你才會想做點什麼，讓情況更好一點。但眞的好可惜的是，你對她的心疼和不捨，在這些建議和推動婆媳互動的反應之下，都化爲烏有了！」

此刻，他們兩人都低著頭。

我接著說：「我覺得這時候的你，會想推動婆媳倆恢復互動、會想給太太一些建議，一定有你的道理。能不能說說看，這時候的你感受到什麼，才讓你想這樣做？」

先生停頓許久，伸手抽了幾張衛生紙後說：「我們新婚耶……我們才剛結婚耶……我們本該幸福、開心的婚姻，一開始就變成這樣，我眞的不知道該怎麼辦。我好希望時間可以重來，好希望我媽沒有講那些話，但我做不到！」

「我明白了，你心裡很害怕這個家庭的氣氛就這樣定調。若是這樣，眞的好遺憾啊！你能跟太太分享這個擔心和害怕嗎？」

先生把手伸過去牽著太太，並對著太太說出自己的恐懼。

兩人一起探索情緒

看完這對夫妻的故事，你是否更能感受與理解自己和伴侶可能有的深層情緒？

不妨跟著下面的步驟，細細地整理和體會自己在關係中的感覺：你有發現自己比較容易傳遞給對方的表層情緒是什麼嗎？你比較常從對方的反應中感受到什麼明顯的情緒嗎？

一、覺察和辨識表層情緒與刺激源

回想一下，你比較容易感受到對方什麼顯而易見的情緒？對方比較容易感受到你傳遞出來的什麼情緒？這個表層情緒是因爲什麼刺激源造成的？刺激源可能是彼此的言語、行爲或態度等，印象模糊的話可以翻到3-1至3-3的內容回憶一下。

每次你提醒要他幫忙做的事情，他都拖到最後一刻才做，所以你生氣又著急；他可能對於你每次都在旁邊碎唸、提醒，而覺得不耐煩和不滿。這便是你們互動中會出現的表層情緒和刺激源。

二、探索和體會深層情緒

你是否從表層情緒底下，發現了隱藏的「深層情緒」？

另一半可能不見得有感受到，甚至連你自己都不清楚，因此這部分可能需要花一點時間感受和體會。同樣地，伴侶的深層情緒也可能很隱晦難見，需要你運用體會和推測來明白。

也許你在每次的提醒中感到無力、失望、難過，好像家裡和孩子的事情只有自己上心；而他可能總是需要你提醒才會記得事情，因此對於自己經常忘東忘西感到氣餒、懊惱、慚愧。

這些感受自己可能都無法在互動中有所覺察，更不用說體會對方的感受、將自己的感受分享給對方。

如果不太清楚情緒的用詞，或是一時之間找不到符合自己感受的用詞，以下簡單整理了一些常見的情緒用詞。既可以當作參考，也可以藉此探索和回憶一下自己的感受。

情緒錦囊

- **生氣類：**不耐煩、不滿、不公平、挫敗、憤怒。
- **傷心類：**麻木、苦惱、無力、無奈、挫折、沮喪、無助、徬徨、空虛、失落、受傷、氣餒、委屈、孤單、寂寞、難過、痛苦、遺憾、失望、絕望、心疼。
- **害怕類：**不安、著急、慌張、忐忑、戰戰兢兢、迷惘、焦慮、憂慮、兩難、爲難、懷疑、擔心、警覺、警鈴響起、畏懼、恐懼。
- **厭惡／羞愧類：**罪惡感、厭倦、輕蔑、討厭、憎惡、難堪、愧疚、歉疚、後悔、丟臉、慚愧、自責、對不起、尷尬、懊惱。
- **驚訝類：**震驚、錯愕、困惑。

藉由表格的整理，先完成第一步的「表層情緒與刺激源」，便可以比較容易地透過「探索和體會深層情緒」，來認識自己和伴侶的內在感受。這有助於彼此理解，並同時找到可以互相靠近的部分，而不是總在表層情緒拉鋸戰中彼此痛苦。

看見表層情緒

你的表層情緒是什麼？	伴侶的表層情緒是什麼？
氣憤、激動、不滿	冷漠、不耐煩
引發你表層情緒的刺激源是？	**引發伴侶表層情緒的刺激源是？**
他的不理解和試圖說服我	我的激動和對他的指責

看見深層情緒

你隱藏在互動底下的深層情緒是什麼	伴侶隱藏在互動底下的深層情緒是什麼
孤單、傷心、害怕	害怕、緊張、難過
引發你深層情緒的刺激源是？（試著填入 3-1 方法一提到的未滿足依附需求）	**引發伴侶深層情緒的刺激源是？（試著填入 3-1 方法一提到的未滿足依附需求）**
覺得不被重視	覺得不斷被指責、被嫌棄

不同的依附位置，可能對自己的情緒感受和情緒表達也有些差別。

如果你是追逐抗議的一方，過度展露表層情緒會很吃虧。那些張牙舞爪的情緒，容易讓對方覺得你歇斯底里、不講道理、失控和過度激動。因此你需要試著練習透過「自我調節」，控制自己的表層情緒，並且試著感受自己的深層情緒，再用適當的方式表達出來。同時，你也可以試著留意逃避退縮伴侶的反應，因爲他們的反應強度通常較低，不見得有機會展現出情緒，可有時候表面上沒反應，底下可能充斥著各種感受。

如果你是逃避退縮的一方，很容易過度淡化自己和他人的感受。爲了避免情緒波動、降低被影響的可能，會習慣否認、逃避感受、拒絕表達。因此，你需要練習覺察自己有什麼感覺並試著傳達出來。當然，除了在不同事件中辨識自己的情緒感受，也更需要有意識地看見與理解他人的感受。

然而，不管處在哪個依附位置，一旦溝通當下已經越來越激動，要清楚知道這時候的你們已經位在「情緒脫窗」的狀態，再談下去往往只會陷入攻擊/防衛、怪罪/解釋、指責/冷漠、抱怨/不耐煩等狀態，也可能會出現「關係災難四騎士」的反應。

此時，最重要的是停下已經重複N遍的惡性循環，幫助自己先恢復穩定的情緒。若心有餘力，也可以藉由前頁的表格幫自己整理狀態，也幫另一半一起回到情緒的容納之窗。當兩人都相對比較在安全和有認知功能的狀態裡，溝通和討論才有其意義。

3-6 嘗試分享深層情緒與內在需求

在3-1，曾試著在那些細微末節的爭執和事件中，找到衝突核心的**「未滿足的依附需求」**。從各個不同的事件中，或許能慢慢萃取出屬於自己和對方最關鍵的內在需求，這些可能是對你很重要，但是兩人互動中長期缺乏，或無法從對方身上獲得的需求。

沒有追、逃兩方「一定」比較匱乏的依附需求，但因為關係的互動與型態，還是可以歸納出兩方比較「常見的」依附需求。

追逐抗議的一方，往往在關係中渴望被理解、被重視，希望可以從對方的反應中感受到被愛、被照顧，因此一旦覺得關係變得冷淡，會很敏銳地感受到疏遠；逃避退縮的一方，較需要被信任、被尊重，但不喜歡被干涉太多，而且自己為對方做出調整時，會希望努力有被對方看見、感受能獲得肯定，因此會相當介意伴侶的否定、貶低、怪罪和嫌棄等反應。

還記得3-4中，差點步入禮堂的宥瓊和維仁嗎？接下來將延續他們的故事，來進一步解說如何表達與分享深層情緒與依附需求。

當時宥瓊回應我：「我眼中的他，就是常常自己一個人悶悶的。有時候我跟他講話，他也好像愛理不理的，更不太會主動找話題跟我聊。所以，我覺得他好像越來越不在乎我了。這時他突然說會心疼我，我突然……我突然……」宥瓊急促地喘了幾口氣，然後看看我，又看看維仁。

這時我想邀請宥瓊暫停一下，接觸自己的深層情緒，於是我說：「所以當妳想到他沒什麼興趣和妳互動，又想到他好像越來越不在乎妳，我覺得這似乎讓妳滿難過、也感到滿孤單的。」

當一段治療歷程走到比較中後期，比較可以浮現深層情緒的體會與感觸。因爲這時候當事人已經比較懂得調節自己的情緒狀態，對方的反應也讓自己願意放下手中的武器，不用再像個武裝士兵一樣，因爲擔心受傷而隨時想要反擊。特別是維仁前面提到，他看見宥瓊這樣是很心疼的，而非不耐煩、不理解或無所謂。

當關係的衝突減緩，不再需要隨時保持備戰狀態，就能夠彼此靠近。**唯有衝突減緩，才是療傷的開始**。

宥瓊回應我：「我眞的很難過，特別是當我感覺到關係不如以往，想跟他分享生活的事情，他總是冷冷地回應時，我就會想：爲什麼我們會變成這樣。」

「妳能不能跟維仁分享一下，當妳眼睜睜看著你們的關係越來越疏遠，兩人的心理距離也越來越遙遠時，妳心裡有多難過和孤單？」我說。

「我有點不知道怎麼說，我也……不知道他怎麼想……」宥瓊緩緩地回應我。

三層次的情緒分享

練習體會和表達自己內在感受的第一個層次練習，是開始**簡單地分享隱藏在互動循環下的一點「深層情緒」**。你也可以在關係中，試著這樣做做看：

「聽你這樣說，我有點難過。」

「你這樣做，其實讓我滿受傷的。」

「我覺得你好像又用習慣的方式對我抱怨時，我會認爲自己好像怎麼做都無法讓你滿意，這也讓我有點挫折。」

「最近相處下來，讓我覺得你好像在忙很多自己的事情。我們已經好久沒有好好吃頓飯了，我試著體諒你的工作和忙碌，但有時候這讓我覺得滿孤單的。」

第二個層次的練習，則是**和伴侶分享自己的「未滿足的依附需求」**。藉由這樣的分享，可以把表面上在爭執的刺激源，拉到關係問題的核心，去看見那些相處中總是沒有彼此滿足的依附需求，像是：被重視、被肯定、被照顧、被信任、不會被嫌棄、不會覺得自己無能或做什麼都不對：

「當你因爲覺得我在生氣而跟我保持距離，我會感覺好像被你拒絕、被你推開，也無法感受你在乎我的狀態。」

「有時候我碎唸同一件事，是因爲覺得講過的話你都不記得，也沒有放在心上。」

「我當下沒有回應，是覺得每次吵架時，我都覺得你對我有很多不滿、嫌棄，這讓我滿受傷的。」

第三個層次的練習，是想要靠近對方、想要處理關係的問題，內在卻有很深的恐懼和害怕時，可以**試著去體會和分享自己的「依附渴望」與「依附恐懼」**。

「依附渴望」是在關係中想靠近對方、想要關係變好的內在趨力，是與生俱來的本能。可能明明陷在激烈的衝突、外遇劈腿的關係中痛苦不已，卻又不想放棄、不想認輸、不想認命，甚至還想努力試試看，或是想切斷卻捨不得、期待有一天對方會不一樣、關係會不同。

若以宥瓊的例子來與伴侶分享「依附渴望」，我會這樣回應宥瓊：「我感覺妳擔心跟維仁分享自己需要他的安慰和照顧，會聽到他嫌妳麻煩，也會讓自己受傷。但妳其實又忍不住，很努力地想要從他身上感受到關懷和安慰，是不是這樣？」

在這邊，可以先停下來幫自己想想：如果是你，有沒有什麼想要和伴侶分享的依附渴望？那些在關係中的捨不得、遺憾、想不再期待但又渴望關係有所改善和連結的感覺。然後，試著和伴侶分享這些感受：

「我一直都很努力想和你更親近一點。儘管你不是熱情的人，儘管有時候靠近你時會覺得有點熱臉貼冷屁股，但我一直都很期待自己的努力有一天可以讓關係不一樣。」

「我從來都沒有放棄理解你，有時候也會想知道你的想法和感受，因爲我不想要關係一直是這樣。」

「依附恐懼」是面對這個渴望時，內心深處的害怕，不管是怕被拒絕、怕丟臉、怕被攻擊、怕受傷，還是怕自己不夠好被對方嫌棄等。因此這個深層的恐懼感，經常成爲兩人想靠近、修復關係的阻礙，讓彼此無法分享脆弱，而來源可能是過往的互動印象，也可能是過去關係的經歷。

我想起宥瓊曾經分享過，她的父母經常忽略她的感受。有時候當她沮喪、難過時想要和父母訴苦，想要在脆弱無助時被父母接住和照顧時，經常換來幾句簡單的安慰，不是要她樂觀點，就是要她別想這麼多。在這段關係中，似乎又因爲維仁的憂鬱與不回應，再次浮現類似的感受。

於是我把這個重要的訊息帶進來，繼續往下：「我記得妳曾經跟我說過，不管是在原生家庭還是這段關係裡，妳的內心深處都好像有股好深、好深的孤獨感。即便妳分享脆弱，也沒辦法讓妳覺得被安慰，甚至讓妳覺得不被理解、不受照顧，自己會再次受傷，是這樣嗎？」

「嗯，對！我覺得這樣我會更難過。」

「所以難怪妳不敢跟維仁分享，選擇自己消化來減少對他的影響。因爲妳不確定表達出自己的脆弱和難過時，他會怎麼看妳、他會有什麼反應。妳擔心他嫌妳麻煩，覺得妳是個包袱，是嗎？」

「對……」

於是我邀請宥瓊：「這好重要。妳能轉向他，跟他分享妳其實很希望他可以在妳脆弱、難過時，安慰妳、照顧妳，可是要這樣做時，妳心裡卻又很不安、很擔心嗎？」

有時候，要在關係中分享自己這麼深層的感受，是相當困難的一件事。不僅是不習慣，也可能覺得分享後對方不會珍惜，更不會對關係有所幫助。此時，這樣的「恐懼」就是你可以試著和對方分享的部分。

「我想跟你說，但又有點擔心你不想聽，或根本不在乎。」宥瓊停了一下接著說，「這次的事情對我來說很受傷也很生氣，但想跟你談談時，很怕你聽不進去，或是馬上想解釋、馬上進入防衛狀態。我沒有要攻擊你的意思，但我很怕你誤會，然後我們又吵了起來。」

這樣的對話是伴侶諮商中很重要的歷程，藉由彼此的分享來創造連結，分享的一方提出邀請和表達，回應的一方則用不同於生活中的方式給予回應。

宥瓊分享了她的「依附渴望」：想靠近男友、想要維持關係，儘管擔心受傷仍想被照顧、被安慰。但這些渴望也同時因爲過往的經驗，使她出現「依附恐懼」：擔心表達、分享後，不知道會換來什麼回應。

伴侶也是療癒的要角

我印象好深刻，宥瓊紅著眼，一邊搓著自己的手，一邊用哽咽的聲音對男友說：「每次遇到難過的事情，我都好想要你牽著我的手、抱抱我、安慰我。但是一想到你自己也有煩惱的事，我就不知道怎麼跟你說：『我需要你的安慰和照顧。』我好怕你不知道怎麼回應，更擔心你覺得我連自己都照顧不好，帶給你很多麻煩。」

倘若在諮商初期，我還不太瞭解他們的話，我可能會走小步一點，問問維仁：「你聽到她想跟你分享煩惱時，會擔心你覺得煩，會擔心你不想理她，這時你有什麼感覺嗎？」

然而，維仁已經出現過正向的回應，也分享過自己的心疼，於是我知道這時候可以往前進展，也是時候放手讓他們對話。我安心地看著維仁，用手示意他，如果有想對宥瓊說的話，可以直接回應。

我看到維仁把手放到宥瓊的膝蓋上，輕輕地拍了幾下，然後緩緩地握住她的手，對她說：「我如果知道妳因爲工作這麼煩惱，我不可能忍心讓妳繼續待在那邊，更不可能還嫌妳煩。」

我補充說到：「我懂了，維仁跟宥瓊說的是：『如果我知道妳因爲關係的現狀這麼難過，又爲了體諒我、照顧我，把自己的難過收在心裡頭，這其實讓我很心疼，也很想照顧妳。』對嗎？我聽到你似乎想跟她說：『妳不用這麼辛苦地自己撐著，我可以陪妳、我可以幫妳。』是嗎？」

維仁點了點頭，並且看了宥瓊一眼。

我接著轉向宥瓊：「過去，妳以爲他不會顧慮妳的感受，也不會在乎妳的心情。今天，妳才知道和他分享自己的擔憂後，可以聽到他對妳的在乎、也能夠感受到被在乎，妳有什麼感覺？」

「我其實很感動！」宥瓊一邊啜泣，一邊說道。

「所以過去的妳，眞的很少有機會想過或經歷過，狀態不好時仍可以分享，並且獲得對方的理解，是嗎？」

宥瓊又再對我點了點頭。

有時候，過往的成長背景讓人很難想像眼前的經驗會跟過去不一樣。此時，伴侶的反應很可能帶來一場**「修正性的情緒經驗」**，藉此獲得一個不同於以往的體驗。

伴侶其實可以成爲療癒內心的重要角色，提供不一樣的正向依附經驗。

做好準備，修補關係的漏洞

在此，不妨再度回到3-1，確認自己與伴侶的「未滿足的依附需求」，是否就是你們在枝微末節事件的衝突中，眞正在爭執的感受？

如果你在關係中是追逐抗議的一方，往往比較瞭解自己的感受，甚至塡寫完書中的表格或有些新發現，就會興高采烈地想要和另一半分享。

這時，請幫自己挑選適合的時機，並從比較淺的感受和體驗開始練習分享，避免一開始就講到很深層的內在狀態。你可能不見得已經準備好面對這個情境，另一半也可能被突如其來的反應嚇到。

再來，一邊分享時也別忘了一邊觀察對方的反應。如果另一半可能已經「情緒脫窗」，就需要踩個煞車，以免過度的情緒張力，反而讓對方不知如何回應，更可能讓你再次體驗到分享並沒有幫助的挫折感。

此時也需要爲自己打氣，提醒自己：你本來就比對方多準備了一些，另一半或許沒有看過這本書，所以或許不是故意要拒絕，而是不曉得你這時要表達的東西對你而言有多重要。

做好這樣的準備，可以減少在嘗試和練習的過程中，再次經歷挫敗的可能性。

如果你在關係中是逃避退縮的一方，坦白說，願意拾起這本書閱讀，就是一件相當不容易的事情。逃避退縮者往往比較容易否認關係中的問題，並傾向透過自行解決的方式來處理，因此我相當敬佩你的勇氣，願意試試不同的方式。

希望人人都能珍惜這個機會，願意嘗試重新投入一段關係。

因此，嘗試利用這一章學習到的方式去表達和分享時，也要評估情境是否恰當、另一半當下的情緒狀態是否適合聽，會不會誤會你想表達的意思，會不會很容易就進入防衛與攻擊的狀態？也別忘了先預想：你可以怎麼做好事前準備？當誤會與防備的情況發生時，你又可以做些什麼？

記得在分享脆弱和深層內在感受之前，要先能夠減少彼此衝突的張力，當雙方的武器和盾牌都放下，才能創造這樣的機會。

除了練習表達與分享情緒，也可以學著評估對方是否需要保證、學習表達與分享安全感，並且在關係中講出眞心話，而不是透過逃避來處理問題。

幫助對方和你更進一步整理關係時，也能使對方擁有你曾經提供過的安全感。如此一來，比較不會讓對方隨時處於不安、激動的狀態，導致分享的效果變得有限。

3-7 釐清惡性循環中的痛苦與責任

進一步討論前，請大家透過下方這個表格，試著整理你和另一半在衝突或爭執中，彼此可能出現的痛苦與責任。

填寫這個表格時，可能會發現自己的痛苦（右上）和對方在關係中該承擔的責任（左下）很容易就寫出來了，另一半的痛苦（左上）和自己的責任（右下）卻不是這麼容易看見。

在關係的衝突中，不管是逃避退

惡性循環中的痛苦與責任

伴侶	自己	
長久以來感受不到自己對伴侶是重要的，害怕自己不被喜歡、隨時可能被丟下	外遇後努力嘗試修復關係，但覺得努力沒有被看見，有時候會被數落。	痛苦
		痛苦
對關係感到失望後，放棄溝通並且切斷兩人的連結	表達迂迴、隱瞞事實，被指責時不斷解釋並避重就輕。	責任
		責任

縮還是追逐抗議的一方，都很容易將自己放在類似「受害者」的位置上，認為對方是讓關係卡在困局的唯一「加害者」。覺得自己在關係中處在不愉快、失落、憤懣的狀態，也覺得這一切都是對方做了或沒做某些事情導致的。此時便容易低估另一半的痛苦，自己也會持續做出不斷影響關係、推動惡性循環的行為。其實，雙方都因為惡性循環而受苦。

因此，需要練習找出自己在推動關係惡性循環時的責任，並瞭解和釐清雙方的反應如何破壞關係，以及分別做了什麼讓互動卡得更死，幫自己先停下這樣的行為、態度和語氣。關係的衝突和疏遠，都不會是其中一方要負全責。在這部分如果比較想不出自己的責任，可以回到3-2、3-3的表格中找線索。

接著從一對經歷外遇事件的伴侶故事，一起練習面對自己的責任，也瞭解一旦能承擔起責任後，關係會發生什麼樣的改變。

看見自己的責任

志綱在結婚第三年時，與外遇對象發展了一段為期一年多的關係。蕙欣知道此事時相當震驚，因為過去他們相處是這麼輕鬆愉快。從認識多年到結婚，他們都是外人眼中感情很好的一對夫妻。

蕙欣得知志綱外遇後，開始勸告先生那段關係不會長久，並表示如果先生回頭，她仍願意維持一個家。然而對先生來說，他認爲兩人的感情問題已經不是最近才出現的，他願意切斷外遇關係，但仍不覺得與蕙欣的關係能夠繼續走下去。

由於志綱的反應，讓蕙欣認爲他並沒有爲了修復關係而努力，因此相當灰心和孤單。

他們會來諮商，是因爲先生要加班，太太就會多問幾句；先生晚一點回家，太太就會傳訊息、打電話確認行蹤。另一方面，先生從太太的行爲裡感受到壓力，讓兩人的關係又變得更緊繃，先生更想與太太保持一點距離。

相信從前面的練習中，已經可以瞭解，這是志綱與蕙欣目前遇到的惡性循環。

瞭解情形後，我對蕙欣說：「自從得知先生外遇後，其實妳開始變得警覺，甚至有點緊張兮兮的，是嗎？但是妳越害怕再次受傷，就越無法相信先生給的資訊、說的話，難怪妳總是要不斷確認，甚至在不安的時候提出質疑和追問。從先生身上，妳感受不到他是否還有意願持續這段婚姻時，妳就越是焦慮、越想先生給出承諾。」

接著我轉向志綱：「可是當你看到太太的反應、聽到太太的不信任，都讓你越來越挫折，覺得關係好像沒有希望，似乎無論如何都不能讓她重新對你產生信任感，因此你越來越不知道怎麼回應。」

我再次轉向蕙欣：「但此時，更讓妳覺得先生好像要離開了。妳因此越來越生氣，氣他把關係弄成這樣後，拍拍屁股就要走人，也氣他的不負責任，更覺得很不甘心。」

我再對志綱說：「這也就是你覺得有壓力、更不知道該怎麼辦的時候。想到修復這段關係這麼辛苦，讓你覺得乾脆算了，說不定終止這段關係對你、對彼此都比較好。」

看著他們倆停下爭論低頭沉思，我接著說：「我感覺你們都在這樣的相處方式中卡住了，不知道如何讓對方瞭解自己的苦，也無法尋求對方的幫助。沒把握何時才能回到過去輕鬆相處的時光，更別說決定是否一起走下去了，但是你們卻都還不想放棄婚姻，還在想辦法相處。」

我試著反映出夫妻雙方遇到的困境，而這正是他們倆各自推動惡性循環的責任與目前必須面對的後果。

在此有個很重要的提醒：嘗試練習用這個方法看到自己和對方的責任時，**要看的不是「外遇劈腿的責任」，而是雙方「推動惡性循環的責任」**，也就是關係中的兩人面對衝突時，各自用什麼方式去回應對方、用什麼方式處理當下的衝突，這些都是造成惡性循環的主要原因。

在志綱與蕙欣這對夫妻中，太太的責任是：**傷心難過時，找不到向先生討拍和取得安慰的方法。她越想要安全感，越把先生推得更遠。**

先生的責任則是：**挫折無助時，不敢和太太分享，覺得自己沒資格表達情緒，也不曉得如何面對太太的感受。越覺得無法取信於太太，越逃避處理兩人關係中的問題。**

兩人的方法都得不到自己想要的。甚至不僅無法幫助對方、幫助關係，也同時把對方推得更遠，因此產生了惡性循環。

在他們的對話中，是否也可以感覺到兩人其實都很痛苦？因爲當他們各自做出推動惡性循環的反應與行爲時，其實彼此都成爲了「受害者」。

展露脆弱的一面

我對蕙欣說：「得知外遇事件後，一路走來妳眞的辛苦了，這段路很不容易。我看到妳用了許多方法想要確認關係、確認先生的心意。妳也想知道還有什麼是可以做得更好的，好讓這樣的事情不會再發生第二次。所以妳問了志綱很多問題，一方面想瞭解先生外遇的現象，一方面也努力檢核你們的關係。可是妳今天聽到，原來這些想要處理關係問題、避免傷害再次發生的行爲，會讓自己變成彷彿高高在上的檢視者，志綱也因此覺得挫折和難過時，妳有什麼感覺？」

「我知道自己不安時，很需要他的安慰和回應；我也知道這樣做，讓他壓力很大，甚至想離我更遠，但我在那個狀態裡面時，眞的很需要他……」蕙欣說。

「我懂，這時候的妳其實好希望志綱可以明白妳的痛苦，眞的好希望他知道錯了，並且不會再傷害妳。可是妳也眞的不希望自己的反應，把他推得更遠，讓關係變得更糟。」我回應。

從蕙欣的反應中，可以看見她感覺到自己的痛苦、傷心，也同時開始能察覺自己推動惡性循環的責任。於是我帶著他們繼續探索，轉頭對志綱說：「我可以感覺到你很難受，看到三年的婚姻因爲自己的出軌而傷痕累累、看到蕙欣因爲你而傷心難過。你一方面想做點什麼來讓她恢復對你的信任，但另一方面，我也能感受到你的挫折。可是你好像也不會多說什麼，更不會讓她知道你的挫折感或無助感。因爲你知道是自己傷害了她，哪有什麼資格表達自己的情緒。你之前提到，當你凡事以蕙欣爲主，把自己的需求放最後，難免會因爲覺得她的要求不合理，透露出一點不滿或不耐煩的情緒。這時候，你有看到自己的不耐煩和逃避，讓太太更不安、更難過、更受傷嗎？」

透過這段對話，我想幫助志綱看到自己採取的方式，如何推動關係的惡性循環，以及讓太太多難受，因此輕戳了一下先生的責任。

志綱回應我：「今天聽到心理師講，我才開始意識到自己在不知道怎麼辦的情況下，做了很多事，卻讓她更痛苦。」

此時，志綱已經能夠認清自己的責任，於是我打鐵趁熱地說：「我聽到你有點懊惱和自責，好像自己想要逃避面對的行為，反而為關係帶來更大挑戰。你能跟太太分享一下這個感覺嗎？」

志綱停頓了一下，然後轉頭對蕙欣說：「對不起，我傷害了妳，但我還不知道怎麼面對這個傷口。看到妳激動時，我心也很慌，所以常常避談這些事情。我以為這樣，可以不讓兩人一直在不開心的回憶裡面打轉。但聽到妳因為這樣更受傷、更難過，我眞的很抱歉。雖然我還不知道怎麼做，但我很抱歉。」

我點了點頭，看向低著頭、已經淚如雨下的太太。

有時候，我們不敢面對錯誤，擔心認錯後會被抓著小辮子窮追猛打；有時候，我們逃避問題，覺得這樣做，隨著時間遞進，問題也會隨之消失。然而現實很殘酷，該面對的，始終得面對。

後來，我對著哭紅雙眼的蕙欣說：「聽到先生這段話，似乎讓妳很有感觸。」

蕙欣看向志綱，然後再緩緩看向我。

「我也有錯，我也覺得自己的反應有時很不應該。」

從這對夫妻的諮商對話中，可以看到認錯，不是要扛起關係中的所有責任。這樣的溝通和願意承擔，不僅能幫助關係連結，也能讓對方感受到願意負起責任的心意。對方或許會因爲另一半的認錯，出現不一樣的反應。要留意的是，自己有錯卻不願意面對，或推託責任，反而會讓關係陷入互相指責的狀態。

衝突就如同打仗，一般都不會在敵人面前、在可能捅自己幾刀的人面前，展露脆弱和無助。於是，我們會藏起軟弱的一面，不讓對方看到。但是，只要可以感受到對方面對自身責任的意願，就不用擔心對方會把錯都怪到自己身上，自然也就能不再那麼咄咄逼人或逃避面對。

曾經的不得已，卻傷害了彼此

目前爲止一共介紹了七種方法，唯有**關係的衝突減緩，不再砲火隆隆時，關係才開始有機會變得更靠近**。因此要記得，這樣深入的對話，要建立在關係衝突已經平息後才可能發生。

下一頁的這個表格，參考第三〇〇頁的格式，整理出志綱與蕙欣這對夫妻在惡性循環中的痛苦與責任。邀請大家檢視自己整理的表格，爲你們的關係平衡報導一下。

透過這樣的整理，可以看到推動惡性循環的行爲，其實有時候是有其「不得已」之處。在痛苦、不知道該怎麼辦、情緒激動的當下，往往沒辦法有更好的處理方式時，

志綱與蕙欣的痛苦與責任

先生（志綱）	太太（蕙欣）	
• 感覺太太變成檢視者，無法看到她願意調整，好像問題只有自己一個人。 • 覺得挫折和難過時，無法也不知道如何分享與表達。	• 覺得先生不懂自己的傷心與心痛，甚至對自己不耐煩。 • 在這麼受傷的情況下，覺得只能自己療傷，因此更孤單，也覺得不值得。	痛苦
• 感覺挫折和無助時，不敢和太太分享，覺得沒資格表達自己的感受，也不曉得如何面對太太的感受。越覺得無法取信於太太，越是逃避處理兩人關係中的問題。	• 討拍的方法會讓先生覺得更不舒服，受傷疼痛的時候沒有辦法告訴先生。 • 傷心難過時，找不到合適的方法，去向先生取得安慰。越想要安全感，把先生推得越遠。	責任

就會本能地、習慣性地選擇一些方法來面對這些事情。然而可惜的地方就在這邊，因爲這些讓你想要找回安全感、想要滿足自己內在需求的反應，常常會產生或是加劇惡性循環的情況。

這時候，無論是逃避退縮還是追逐抗議的一方，都可以練習看到對方推動惡性循環的行爲，可能是有不得已的地方，這便是伴侶痛苦、糾結、受傷之處。同時，別忘了試著看到自己在關係中的責任，減少會持續推動惡性循環的行爲與反應；也帶著一顆體諒、包容的心，去看見另一半在惡性循環中可能經歷的傷痛。

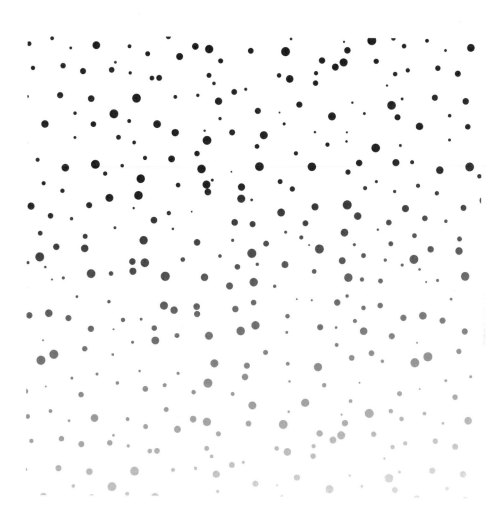

CHAPTER 4

看見
為關係努力的成果

你與另一半的互動是否常常出現障礙？吵架爭執的日子，是否開始比愉快相處的日子還要多？日常生活的瑣事，變成激烈衝突的導火線；細心呵護的孩子，成為壓垮關係的最後一根稻草。

曾經努力追求關係和諧的你，卻已經沒有力氣繼續下去，甚至想離開；曾經默默維護關係的你，卻到這時才發現沉默無法挽回想離去的另一半，一切為時已晚。

那麼，現在該是正視關係問題的時刻了。

互動中一定還有很多無法完全徹底解決的問題。因此，接下來這一章，將再次為依附關係、依附位置做個總體檢和解說。別忘了，除了透過本書的眾多練習來調整關係的樣貌，也可以尋求心理師和相關專業人員的協助，脫離惡性循環的泥沼。

是的，為修復關係付出的努力，總該結出美好的果實。

4-1 改變惡性循環的挑戰

當惡性循環讓彼此關係僵化時，經常讓關係中的雙方深陷其中。

既然都已經知道自己處在惡性循環之中，是不是離改變只剩一步之遙？在我的經驗中，許多伴侶看懂關係的惡性循環後，便可以自發地爲關係做出調整，並逐步改善兩人的互動；不過遺憾的是，也有許多伴侶因爲惡性循環已成型多年，在調整過程出現一些挑戰。

惡性循環成型後之所以難以改變，主要有四個原因，以下將仔細介紹。

對親密程度的需求不同

在一段感情中，兩人對於親密的需求很難剛剛好一樣。

有些人可能會希望空閒時，安排兩人一起做點什麼，就算是待在同一個空間各自做各自的事也好；有些人則可能希望彼此有各自的生活，想跟朋友聚聚的時候，不用帶著另一半。

這個差異，在剛交往的時候可能不會顯現出來，因爲熱戀期誰都想有多一點時間相處。可是當關係開始變得穩定，彼此對於親密需求的程度，就會逐漸顯現出不同。再加上生命不斷往前走，生活中會出現各式各樣的情境，影響對於親密的欲求。

當我因爲重視工作、自我實現，而把重心多放在自己身上一點；當你因爲離職，希望在下一個工作開始前，可以多一點兩人相處的時間；當太太因爲孩子出生後把重心放到孩子身上，而忽略先生的感受；當男友因爲家人離世，更想珍惜與你相處的時間；當女友因爲跟同事鬧得不愉快，想要自己靜靜。暫且不論本身性格的影響，這些不同的情況，也都可能增加或減少對於親密的需求，凸顯出關係中彼此的不同，這是惡性循環會反覆發生的本質原因之一。

問題暫時得到緩解

當追逃的模式出現，很可能每次發生衝突後，會因爲一個人的妥協或退讓，讓當下衝突的硝煙就這樣從此消弭。但是，問題眞的有解決嗎？

問題經常只是暫時緩解，卻沒有眞正被解決。

但也正因爲這個「暫時」緩解，讓雙方沒有機會正視問題的嚴重性。有些關係就這樣得過且過多年，卻可能在某些吵架的情境中，讓人聯想到幾天前、甚至多年前對方的一個眼神、一個態度，因此忍不住說出：「你總是這樣。」或出現「翻舊帳」的反應，讓衝突變得更加複雜。

拿不出新方法來解決舊問題

追逃模式跟依附型態有關，這些從小到大形成的依附模式，會讓人習慣用相似的行爲來處理關係中的問題、理解對方和處理情緒。然而，這些「習慣」最終卻會導致關係變得僵化。

一旦感覺到對方心情不好，可能開始抱怨自己哪裡做得不好，心裡的防線就會自動架設好，提醒自己在對方氣頭上怎麼解釋、怎麼說明，效果都不好。所以最好的方式就是閉嘴，等對方唸完、消氣後，再看怎麼處理。

但也有可能，看到對方不說話的反應，心裡就有一股火燒上來，認爲：「你不說，我怎麼知道你在想什麼？」反而讓對方更想把事情問清楚。

於是乎，追逐抗議的一方繼續用追的方式解決問題，逃避退縮的一方持續用逃的方式面對問題，彼此都沒有新的方法。

試想，當你回到家要用鑰匙開門，發現自己拿到車鑰匙，你還會繼續嘗試用這把鑰匙開門嗎？明知道這把鑰匙行不通，爲什麼不換一把呢？關係的問題也一樣，當相同的方法不只沒辦法解決問題，又讓兩人的衝突越演越烈，就是惡性循環卡住的另一個原因。

長久累積，變得更敏感、反應更激烈

有時在諮商中，聽到伴侶陷在惡性循環裡十幾年，光想像就覺得很累。因爲當雙方長久都處在這樣的關係之中，或者時不時因爲某些事件導致惡性循環再演，反而會變得更敏感於對方的行爲，自己的反應也會變得更爲激烈。

如果你遇到一個人，他每次看到你都會打你一下，下次見到他的時候，你會不會想到要被打，所以先舉起手擋住他？

同樣的，如果在關係中，遇到某些事情時，對方總是用同樣的方式在溝通、在處理衝突，你會不會想著爲什麼又來了，因此對於那些反應更加不耐煩，也更忍不住自己的情緒，導致反應更爲激烈。

雖然要改變惡性循環眞的有其不容易之處，不過一旦可以覺察這個循環如何侵蝕目前的關係，便是改變的第一步。

4-2 我們不一樣，卻也又一樣

身為諮商心理師，我經常聽到伴侶雙方提起，兩人的價值觀和處理關係問題的方式很不一樣，彼此有著很大的落差，因此面對另一半用自己不喜歡的方式應對問題時，容易覺得不舒服。

其實，不管是追逐抗議或逃避退縮的一方，在關係中都有些共通點。雖然表面上不見得看得出來，一旦有機會深入瞭解，看到這些相同之處，也會讓心裡感到舒服一點。

關係中，即便是不一樣的「你」和「我」，卻也是相同的「我們」。以下將列舉出關係中常見的七個共通點：

我們都無法在關係中找到適當的距離

不安全依附的我們，經常無法拿捏與他人該保持怎樣合適的距離。

追逐抗議的一方，有可能想靠近對方，卻不見得能坦然面對關係中也需要保有自我空間的時刻。因此一旦對方想保持距離，心裡就覺得不舒服。

逃避退縮的一方，有可能爲了保有讓自己舒適的空間，與伴侶維持一定的距離，一邊因爲想著要同居而不安，或是無法回應對方的熱情而自責。這時，爲了維持自我空間，關係中的逃避退縮就很容易使人困惑，並覺得疏離。

其實我們都不斷在關係中摸索，卻總是找不到合適的距離。

我們都過度敏感於對方的行為

由於過往的成長、相處關係經驗影響，就算是對方的一個轉頭、一個皺眉，可能都會讓我們覺得「又來了」。

只是想關心你的身體狀況，所以多問了一句，沒有必要表現出不耐煩的樣子吧？只是想問你明天有沒有空接一下小孩，不用搞得好像又在找你麻煩吧？

過去關係的品質，會影響我們解讀對方表情和反應的方法。而這些解讀，也會導致我們產生情緒。如果對方當下的反應並非自己能理解的，是否誤會就此出現了？於是，衝突可能就在這時候開始醞釀和累積，甚至直接爆發。

其實我們都在關係裡互相誤會，對於彼此的行爲過度敏感。

我們都容易曲解對方行為的意圖

我們總是比較能理解跟自己行爲與思考模式相像的人，同溫層這個概念也是由此而生。因此，面對與自己做法不同的人，我們經常會覺得困惑，甚至在超出理解範圍時大發雷霆，當然也會跟周遭的三五好友、閨蜜姐妹抱怨。

但我們也經常沒有機會理解對方的行爲背後，是否有其他的原因。那些先入爲主和過去的經驗印象，遮蓋了眞實理解對方的可能。這對關係中的雙方都很不公平，一方沒有機會明白對方眞正的想法，另一方也陷入經常被誤會的情境，然後有理說不清。

面對伴侶的迴避沉默，追逐抗議的一方只會感覺不被在乎。覺得自己這麼難過，另一半卻選擇不說話，看來就是不夠愛自己。但是，有可能對方只是因爲過去的經驗，提醒他此時對話只會帶來更大的衝突，因此選擇先避避風頭，減少兩人發生衝突的機率。

面對伴侶的追問不安，逃避退縮的一方只會覺得心情煩躁，認爲對方沒辦法體諒自己的疲累、沒想法。但是，有可能對方只是因爲很在乎另一半的想法，所以提出問題想瞭解情況。

其實我們都不斷在關係中碰撞，曲解對方的心意。

我們都忽略或無視對方的感受

不安全依附的我們，容易以自己的需求優先。爲了滿足和照顧自己的內在需求，沒有心力顧慮對方的感受。

追逐抗議的一方感覺關係出現危機時，會無法顧及對方的煩躁和拒絕。若需要在考量對方的狀態，和滿足自身需求之間做選擇，也會傾向要求對方先回應自己，根本無法把另一半的情緒和困難放在心上。

逃避退縮的一方感受到危機時，會難以回應對方的抗議。若需要在照顧伴侶的感受，和保護自己之間做選擇，寧可先顧全自己不受影響。

其實我們都在關係裡互相傷害，忽略彼此的需求與感受。

我們很難理解彼此的真實感受

我們通常較容易感受到自己和伴侶的表層情緒，也就是能明顯感覺到的情緒，像是生氣、冷漠、無奈。然而深層情緒如羞愧、孤單、傷心、害怕，自己則往往不見得有意識到，對方通常也感受不到。

對追逐抗議的一方來說，表層情緒可能很明顯、很滿，也可能很容易表達給對方，但另一半感受到的卻是衝擊力道很強的表層情緒，以及對自己的不滿；對逃避退縮的一方來說，表層情緒經常是平靜冷淡、麻木沒反應，因此另一半不只無法感受到眞實的情緒，可能還要透過不斷猜測和追問，才能知道眞正的想法，得到想要的回應。

無論我們是哪種不安全依附者，對於自己的深層情緒都不甚熟稔，容易被表層情緒帶著走，因此把對方推得更遠。

其實我們都在關係裡互相阻擋，難以理解彼此的眞實感受。

我們都只看到自己的痛苦和受傷

情緒會使我們的認知功能失調，當下只覺得對方的反應讓人反感，只想要據理力爭，而忘了要思考事情爲什麼會發生、自己是否做了什麼事情，使對方出現這些反應和依附行爲。

在惡性循環的關係中，我們容易只看到自己的痛苦和委屈。追逐抗議的一方容易覺得自己的付出沒有被看見，認爲不被理解、不被在乎。好像只剩下自己在關係中努力，孤單的感受油然而生；逃避退縮的一方則容易覺得被評價、被指責，好像做什麼都沒辦法滿足對方的期待和需求，因此感到失落。

其實我們都在關係裡痛著，沒注意到彼此都有傷。

我們都有該承擔的責任

我們容易覺得對方要爲關係的困境和現在的衝突，負起絕大部分的責任。「若不是他這麼激動和無理取鬧，我才不會對他的情緒不耐煩。」「若不是他這麼疏遠、忽略，我才不會總是跟他抱怨。」

「若不是他＿＿＿＿，我們才不會＿＿＿＿」的語句，就好像先有雞還是先有蛋的千年謎題一樣，只顧著找到誰才是問題的根源，而沒有機會正視自己也在推動著惡性循環的運作。

追逐抗議的一方忽略自己表達情緒的方式和張力，對關係帶來的傷害與影響；逃避退縮的一方也容易淡化自己的反應，爲伴侶帶來的孤單和疏遠。

其實我們都在關係裡失責，忘了彼此都有責任。

雖然不同的依附位置有不同的行爲模式與內在狀態，但彼此都在關係中遇到一樣的困境：無法眞實面對自己和伴侶的感受，出現對關係有破壞性的行爲，並且以負面眼光解讀彼此，最終導致雙方處在惡性循環中痛苦著，卻無法從自己開始著手改變兩人的關係。

若有機會留意到雙方在關係中需要共同面對和承擔的部分，就不會覺得問題都在對方身上。如此一來，不僅自己能脫離受害者位置，對方也可以擺脫加害者的角色。

4-3 難以捉摸的另一半

到了本書的最後，可能會發現要寫出屬於自己的互動循環相對容易，但要將伴侶的資訊填進書中的各種表格，對有些人來說卻是一場挑戰。

這是滿常見也滿可以理解的現象。這樣的情況一方面可能代表你真的不太能夠掌握、理解和捉摸伴侶的狀態，你們的關係也有很多值得思考和探索的部分；另一方面，也有以下幾種可能性。

伴侶是強烈的追逐抗議者

在你們的關係中，另一半或許很容易就變得相當激動，以至於很難理解滿溢的情緒底下，被掩蓋住的內在感受到底是什麼。

此時，你可能忙著防備指控或攻擊，因此無法瞭解對方、也不太願意瞭解；此時，你可能正在經歷從對方而來的言語暴力，覺得受傷、挫敗，好像自己的安撫、解釋都沒有什麼效果。

在這樣的情況下，可以試著整理自己對另一半的理解。藉由前一章的七種方式，思考在激動、生氣時，對方可能真正想要爭取的是什麼？又在抗議和不滿什麼？還是在害怕什麼？你們倆的關係中，或是對方的人生經驗裡，是否出現過什麼創傷？

若覺得合適，也能在兩人關係比較穩定的情況下，分享、核對自己的理解，表達對於另一半內在感受的好奇、對關係的重視。

伴侶是極度的逃避退縮者

你的伴侶可能很難透露自己在想什麼、有什麼感覺、想法和需求。其實可能不只是你無法理解，說不定連伴侶對自己的感受和需求都很陌生。

在這樣的情況下，可以善用你的敏感和好奇，用比較輕鬆的方式分享一點你的感受、你的理解，並在揣摩對方的心境後加以核對。或者，也可以用採訪的方式詢問對方的感受，或是從周遭親友眼中搜集一些對他的瞭解。

與這樣的對象做整理時，要提醒自己不要一次追得太緊，不然會讓對方壓力很大、累的關係更不容易。

偶爾感慨時，我會跟身邊的朋友分享：伴侶治療很辛苦，要在諮商室中面對和承擔伴侶多年恩怨情仇的情緒張力，還要撐起一個可以讓對話持續進行的空間，不能讓伴侶們挫敗地、絕望地結束諮商，也不容許自己因爲超出情緒承受力，而對當事人失去同理和關懷。

是什麼讓我能夠在伴侶諮商這條路中繼續走下去？

這是許多心理師朋友會問我的問題。

雖然看似年紀輕輕，就在承擔這些伴侶和夫妻在關係中的種種挑戰，但我心裡一直有個滿篤定的答案：若關係中還有那麼一點愛和關懷，我很想幫忙他們一起找出來，這是我覺得很值得被看到的部分。

在這五年的伴侶諮商生涯中，我陪伴且見證了好多對伴侶在諮商歷程中進入婚姻，在過程中處理好關係中的問題和衝突，也在路上一起攜手突破婆媳關係的難題，或在發生外遇後修復關係，甚至儘管兩人眞的想結束關係，仍可以在諮商中好好哀悼、好好道別、或好好成爲孩子的父母。

在治療的歷程中，我經常陪著他們一起沮喪、一起挫折、一起心酸，但也一起看到希望、一起感動，更一起感受到關係的成長和變化。這些珍貴和感人的片刻，是我看到伴侶諮商眞正帶來的效果和幫助，也是支撐我繼續做這份工作的原因。

如果你們也在關係中受傷、糾結，誠摯地希望大家都能夠透過這本書，找到適合的方式，度過這些重要卻也不容易的時刻。

國家圖書館出版品預行編目 (CIP) 資料

越愛越痛？我們的關係出了什麼錯？：重新檢視依附關係難題，打破惡性循環並重建親密感的伴侶諮商自助指南／石瀝新著 . -- 初版 . -- 臺北市 : 今周刊出版社股份有限公司 , 2023.08
336 面 ; 14.8X21 公分 . --（社會心理 ; 37）
ISBN 978-626-7266-22-9（平裝）

1.CST: 依附行為 2.CST: 人際關係

177.3 112007373

社會心理 37

越愛越痛？我們的關係出了什麼錯？

重新檢視依附關係難題，打破惡性循環並重建親密感的伴侶諮商自助指南

作　　者　石瀝新

總 編 輯　許訓彰
特約主編　蔡緯蓉
封面設計　謝佳穎
內文排版　陳姿仔
校　　對　陳家敏

行銷經理　胡弘一
企畫主任　朱安棋
行銷企畫　林律涵、林苡蓁
印　　務　詹夏深

發 行 人　梁永煌
社　　長　謝春滿

出 版 者　今周刊出版社股份有限公司
地　　址　台北市中山區南京東路一段 96 號 8 樓
電　　話　886-2-2581-6196
傳　　真　886-2-2531-6438
讀者專線　886-2-2581-6196 轉 1
劃撥帳號　19865054
戶　　名　今周刊出版社股份有限公司
網　　址　http://www.businesstoday.com.tw

總 經 銷　大和書報股份有限公司
製版印刷　緯峰印刷股份有限公司
初版一刷　2023 年 8 月
初版三刷　2024 年 4 月
定　　價　380 元

警覺性提高。同時，他們本就對自己的感受疏遠了幾十年，整理這些感受是相當耗能的過程，因此過程中出現否認、抗拒、沒有回應等情形，都是滿常見的現象。

遇到「不定型依附」的伴侶

第一章介紹過，依附型態除了安全依附、焦慮依附和逃避依附三種類型，還有第四種是「不定型依附」。

不定型依附的人可能有著童年創傷，或者過去的親密關係創傷，因此可能反應一下像追逐抗議者、一下又像逃避退縮者，非常混亂。

你可能會經歷對方生氣且需要安慰照顧，但想靠近時卻又生你的氣，加以保持距離，或是叫你不要煩。但眞的給出一些空間，又會對你的不理睬相當憤怒。以至於你可能摸不著頭緒，也不曉得用什麼方式和對方相處。

與不定型伴侶相處，容易感到挫敗、無力。在這樣的情況下，不妨試著理解對方過去是否有傷口，幫助你多點理解與包容。同時，也別忘了爲自己設下界限。並不是對方的所有需求都要加以回應，不然只會加深他們的不穩定性，以爲只要行爲夠極端，你就會爲他們調整。

這種類型的伴侶需要從這樣的過程中，感受到你是在乎他們的，只是這樣的方式並不健康。不過，這不代表要強烈地拒絕，或是變得冷血無情，而是需要比他人更有彈性、更有耐心，用「溫和且堅定」的方式，表達自己的立場與限制，傳達出自己的感受。

你們的關係遇到重大事件

第四種在填寫表格時會遇到的困難，可能不見得是資訊的空白或對方的捉摸不定，而是難以判斷關係中到底誰是追逐抗議者、誰是逃避退縮者。這可能與發生過如外遇、劈腿、曾有人心灰意冷想分開、分手後重新復合等重大事件，讓依附位置改變有關。因此，你可能覺得以前的另一半很像逃避退縮者，可是外遇之後，他爲了彌補和挽回而變得積極主動，行爲反應變得很像追逐抗議的一方，甚至不滿你如今在關係中表達出來的冷漠。

在這樣的情況下，你可以試著回顧在關係中彼此的依附位置是否曾經發生變化。另一方面，除了依附行爲，也需要針對行爲背後的意圖、接觸自己情緒的程度等方式，來進行綜合判斷。若是依附位置眞的發生過變化，別忘了填寫表格時，主要是以「目前」關係的互動爲填寫的準則。

4-4 恭喜！踏出改善關係的第一步

互動循環的整理與關係分享的練習，往往都不是一步到位的。儘管在諮商中，也需要用上八至十六次左右的歷程，才能在心理師的帶領下一步步看見、一步步體會。

因此，透過閱讀來進行調整時，記得不要因自己的著急、挫敗感，讓這個好不容易開啓的改變動力如曇花一現般被澆熄，不然就太可惜了！如果因爲開啓對話而引發更多衝突，也請記得先踩個剎車，確認一下是否有哪些概念沒有弄懂，自己先消化過，清楚明白後再找時機進行。

給自己和另一半一點時間。相信藉由書中的練習，將能逐漸看見自己和伴侶的互動究竟卡在哪邊？發生了什麼事？出現了什麼誤解？以及問題背後的關鍵核心與內在感受又是什麼？

寫下這本書的目的，一方面是希望幫助不見得需要諮商的伴侶，可以運用伴侶治療師的眼光和方法，自己做出調整；另一方面是希望不見得負擔得起諮商費用的人，可以透過這本自助書籍來幫助自己的關係。

記得，這是一個很好的開始，千萬別讓這份初衷和嘗試，成為兩人吵架的另一個刺激源！

改變的初衷，引領未來走向適合結局

我經常在諮商中，看見來訪的伴侶、夫妻，從一開始陷在惡性循環中痛苦著，彼此指責、彼此怨懟，到後來慢慢有機會明白這種難以理解的行為背後，原來有著怎樣的感受和想法，彷彿重新理解眼前的另一半。同時，雙方也在諮商的過程中，體會到自己內在的感受、表達自己的期待和需求，並且得到對方的回應，最後互相體會到彼此的心意。

從爭執到停戰、從誤會到理解、從表達到回應、從挫折到包容，這段歷程我往往也跟著有所觸動，深刻感受到維護一段關係的不容易，以及雙方一旦願意開啓對話的空間，對關係可能帶來的幫助和改善。

有些朋友聽到我每周的伴侶諮商數量後，會驚訝於我怎麼有辦法承擔當下出現的情緒張力，又是怎麼消化這些情緒。坦白說，有時候眞的滿不容易的，特別是眼前的當事人彼此卡在糾結的惡性循環中，互相控訴和數落彼此時，會讓我感嘆爲何要如此互相折磨。

然而，仍有許多諮商歷程與結果，幫助我願意繼續在這條路上努力著。

特別是看到伴侶諮商中的當事人，從一開始的爭執到互相理解後的緩和，從最初的糾結痛苦到解開誤會的自在坦然。許多時候，我也會跟著他們一起在諮商室中紅了眼眶、一起掉淚，有時是因爲他們能夠彼此靠近而感動，有時也因爲關係無法繼續走下去而哀悼。

雖然不見得所有伴侶諮商都會走向修復，但我發現透過伴侶諮商，雙方能在對彼此有更多理解和體會的情況下，再一起爲關係做出共同的決定。不管結局是分手還是離婚，不論最後是否無法當夫妻但可以一起當父母，伴侶諮商都可以減緩惡性循環造成的痛苦，找到適合這段關係的結局。

若是你已經嘗試過書中整理的方式，卻仍無法改善關係，甚至衝突反而變得更激烈，請務必尋求專業協助。

若有經濟上的考量，現在政府和民間機構也有許多補助，或費用相對親民的諮商管道，幫助你進行自我探索和整理，同時還能釐清一些心中的困惑；若是想特別針對關係議題進行伴侶諮商的讀者，不妨多加留意心理師的背景，是否有經過伴侶治療、伴侶諮商訓練，才會相對較擅長進行伴侶諮商。雖然大多數心理師對伴侶關係議題有所涉略，然而並非所有人都受過系統工作的訓練，在諮商室裡熟悉同時與兩位以上的當事人諮商。

不管如何，爲自己挑選合適的心理師或方法，是你可以爲關係做的下一步。

後記

未來的你們，一定還可以更好

我很感謝那些來到諮商室的當事人和伴侶們。因爲有你們的經驗，讓我可以淬鍊、彙整成這本書。幫助大家有機會從不同的生命故事中，看到與自己產生共鳴的地方，知道自己不孤單，因爲許多關係都存在著相同的挑戰。

同時，我也很佩服這些願意踏出尋求專業協助的當事人和伴侶們。你們的勇氣，讓關係和自己的生活可以有不一樣的可能性與機會。

我曾經在一場講座中，聽到某位聽眾提出一個問題。

她是位異性戀女性，先生是軟體工程師，而她自己是金融業的高階主管。兩人因爲工作忙碌，在結婚的前三年，家務都是「得過且過」的狀態。

她知道先生工作忙，因此儘管自己不喜歡對方的生活習慣，也就睜一隻眼閉一隻眼；明明家裡有許多自己不滿意的地方，先生也有讓自己生氣的地方，可是因爲體諒先生，儘管自己也在工作，就因爲比較固定時間上下班而包辦大部分的家務。一直到近期，她終於受不了請先生幫忙，但往往要一再叮囑和提醒，先生才會記得去做交辦的事。

有段時間，她因爲公司業務需要經常加班，家務就都先交辦給先生，不僅提醒先生要記得洗衣服，囑付隔天要去買菜等。這天，她下班回去看到家裡的場景，心裡突然冒出一個聲音：「這段婚姻到底該怎麼維持下去？」

她說，自己維持婚姻的方式，就是讓自己變成一個瞎子。

聽完後我覺得很心酸，關係可以不只是這樣。其實，每個人都值得在關係中擁有更多的可能。

讓我們一起努力改善關係

身爲伴侶治療師，的確在諮商和治療的過程中聽到許多不同的故事，有的讓我背脊發涼、有的讓我百感交集、有的則讓我感慨不已。

有時也不禁感嘆，建立一段關係不容易，經營一段關係好不容易，修復一段傷痕累